Gertrud Dimachki

Vegetarisches aus 1001 Nacht

Gertrud Dimachki

Vegetarisches aus 1001 Nacht

Inhalt

Geheimnisvoller Orient 9

Auf die Zutaten kommt es an
  – Geheimnis der arabischen Küche 15

Hinweise zu den Rezepten 30

Kleine Gerichte für die Frühstücks- und Vorspeisentafel
  Al Futur 31

Suppen
  Schorba 51

Salate
  Salata 65

Gemüsegerichte
  Khodra 81

Hülsenfrüchte
  Ful, Homos wa Adas 111

Getreidegerichte
  Couscous, Burghul wa Ruz 127

Süße Speisen und Getränke
  Halauiyat, Assir wa Maschroubat 141

Die Autorin 154

Rezeptindex 155

Geheimnisvoller Orient

Über Jahrhunderte war »Arabien« für uns Europäer eine ferne, märchenhafte Welt. Im Zeitalter der Flugzeuge und des Fernsehens hat sich das geändert. Aber ein Rest von Geheimnisvollem ist geblieben.

Als Araber bezeichnet man allgemein die arabisch sprechende Bevölkerung Vorderasiens und Nordafrikas. Sie gehören der semitischen Völkerfamilie an.

Die Araber lebten teils als Bauern, teils als viehzüchtende Nomaden (Beduinen), in den Städten als Handwerker und Kaufleute. In der Zeit ihrer größten politischen Macht erreichte die Kultur der Araber eine hohe Blüte. Damaskus und Kairo wurden die bedeutendsten Handelsstädte des Orients.

Arabische Kaufleute brachten die Erzeugnisse nach Europa, Brokat und Damast-Stoffe benannt nach ihrem ursprünglichen Herstellungsort Damaskus. Gewürze, Kaffee, Mosaike und das edle Araber-Vollblutpferd wurden ihre Markenzeichen.

Von der arabischen Dichtkunst wurden bei uns vor allem Märchen bekannt, allen voran die »Erzählungen aus den Tausendundein Nächten«.

Islamische Religion

Ich bin mit einem Araber verheiratet und lebte einige Zeit in verschiedenen arabischen Ländern. So ist es verständlich, dass ich nicht nur mit der arabischen Küche vertraut bin, sondern auch Sitten und Gebräuche kennen lernte. Vielleicht ist es für die Leserinnen und Leser interessant, einiges darüber zu erfahren, denn ich habe festgestellt, dass in Deutschland oft sehr wirre Vorstellungen über die islamischen Lebensregeln herrschen.

Der größte Teil der Araber lebt nach den Geboten Mohammeds. Die Heiligtümer des Islams stehen in Mekka und Medina. Alljährlich ziehen große Pilgerscharen dorthin.

Jeder Gläubige soll einmal im Leben nach Mekka pilgern. Dieses Gebot gilt auch für Frauen. Ist jemand zu alt oder krank um die Reise zu unternehmen, so kann eine andere Person stellvertretend dorthin geschickt werden.

Für jeden Pilger ist es Pflicht, ein Tieropfer zu bringen. Es werden also jährlich in den heiligen Stätten riesige Mengen Hammel geschlachtet. In vergangenen Zeiten war man gezwungen, diese Tiere rasch zu begraben, da das Fleisch in der Hitze sofort verdarb. Heute ist man froh, dass Dank moderner Technik vom Staat große Kühlhäuser gebaut wurden. Dort können die Tiere ohne Verlust verarbeitet werden. Das Fleisch wird an die Armen verteilt – kostenlos – es darf sich niemand daran bereichern.

Eine Reise nach Mekka ist natürlich sehr kostspielig. Doch wer so arm ist, dass er das Geld wirklich nicht aufbringen kann, findet von allen Seiten Hilfe. Es gibt einen Fond, in den viele Menschen Geld spenden, mit dem die Reisekosten der Ärmsten gedeckt werden. An Ort und Stelle sind Zelte zum kostenlosen Übernachten aufgebaut, und natürlich gibt es auch freie Verpflegung.

Die Araber sind ein sehr gastfreundliches Volk. Einladungen an Freunde und Bekannte sind ein »Muss«. Gibt es ein größeres Fest zu feiern, zum Beispiel das Ende des Ramadan, schließen sich mehrere Familien zusammen. Die Frauen bereiten gemeinsam das Essen mit sehr vielen und besonders guten Speisen vor.

Fastenmonat Ramadan

Der Ramadan, der Fastenmonat, ist inzwischen auch in Deutschland ein Begriff. Einmal im Jahr, der Zeitpunkt wird vom islamischen Mondkalender bestimmt, müssen alle Gläubigen 30 Tage fasten. Eine Ausnahme besteht für Kinder, Kranke und schwangere Frauen. Von Sonnenaufgang bis Sonnenuntergang darf weder gegessen noch getrunken werden. Mohammed wollte damit erreichen, dass alle, die sich jeden Tag satt essen können, einmal im Jahr erleben, wie es ist, wenn man hungern muss. Nachts darf dann eine einfache Mahlzeit eingenommen werden.

Damit schlafende Menschen die nächtliche Essenszeit nicht versäumen, ziehen rechtzeitig vor Sonnenaufgang die Ramadan-Trommler *(Abu Tabble)* durch die Straßen. Sie bleiben vor jedem Haus stehen und trommeln so lange, bis hinter einem Fenster Licht angeht. Am Ende des Fastenmonats, wenn die Feiern beginnen, erhalten sie für ihre Mühe von der Moschee bzw. vom Iman einen Obulus. Außerdem ziehen sie von Haus zu Haus – ähnlich wie bei uns die Sternsinger – und sprechen gute Wünsche aus. Natürlich zeigen sich die Leute erkenntlich. Sie laden entweder zum Essen ein oder spenden Geld oder Kleidung, um damit ihren Dank auszudrücken.

Das Ende des Ramadan wird mehrere Tage gefeiert. Am *A'id el fitr*, dem »Fest der Freude« kommen die Verwandten zusammen, die Kinder bekommen sogar Geschenke. Es werden süße Kuchen und Plätzchen gebacken und die Zimmer schön ausgeschmückt, ähnlich wie bei uns zu Weihnachten. Auf den Straßen werden Buden mit Naschereien aufgebaut und an vielen Ecken stehen Kinderschaukeln und Karusselle. Es herrscht ein fröhliches Treiben, das besonders bei den Kindern beliebt ist.

Die Gemeinschaft in der arabischen Welt

In der arabischen Welt ist die Gemeinschaft, Achtung und Respekt besonders vor den Älteren noch etwas sehr Wichtiges.

Die jüngeren Menschen stehen für eine ältere Person, ob im Bus oder bei anderen Gelegenheiten auf und bieten ihnen selbstverständlich ihren Sitzplatz an.

Es wohnen noch viele Familien mit mehreren Generationen unter einem Dach, besonders bei ärmeren Bevölkerungsschichten oder auf dem Land.

Das Wort Respekt ist häufig in der westlichen Welt für die Jugend ein Fremdwort geworden. Viele Kinder, Jugendliche oder überhaupt jüngere Menschen respektieren weder Eltern, Großeltern noch Vorgesetzte, geschweige denn einen Fremden. In der arabischen Welt lassen sich jüngere Menschen noch eher etwas von älteren sagen. Für die Jugend im Orient ist es eine Selbstverständlichkeit Erfurcht und Respekt zu haben.

Auch der Zusammenhalt in der Familie und unter den Nachbarn ist größer als bei uns (natürlich gibt es auch Ausnahmen). Bei Festlichkeiten oder einer größeren Arbeit ist es üblich, dass man sich gegenseitig hilft, alle Nachbarn packen mit an – natürlich unentgeltlich.

Arabische Gastfreundlichkeit

Kommt Besuch ins Haus, so ist es normal, dass die ganze Familie bei dem Besuch sitzt und sich an der Unterhaltung beteiligt. Es gehört zur arabischen Gastfreundlichkeit, dass niemand aus dem Zimmer geht und beispielsweise fernsieht und sich nicht um den Besuch kümmert.

Gäste einzuladen und zu bewirten ist in der arabischen Welt ein Muss! Bei der Zubereitung der Mahlzeiten wird immer berücksichtigt, dass ja vielleicht noch Gäste kommen könnten. Lieber wird etwas mehr gekocht, denn niemand möchte Besuchern gegenüber unhöflich sein. In Arabischen Familien werden Besucher zu allen Tageszeiten herzlich willkommen geheißen – auch ohne Voranmeldung.

Garküchen

Vielfältig wie das Speisenangebot an sich ist auch das Angebot an Schnellgerichten, die auf der Straße angeboten werden.

Meist sind die Verkäufer mit einem bunten vierrädrigen Schiebe-Wagen, der viele kleine Türen und Schubladen hat, unterwegs.

Werden *Ful* (Dicke Bohnen oder Saubohnen) angeboten, hat der Wagen eine Öffnung, in die Tonkrüge mit heißen *Ful* und ihrem Sud hineingehängt werden können. Am *Homos*-Wagen gibt es gekochte Kichererbsen, aromatisch gewürzt mit Kreuzkümmel und Zitronensaft. Aber auch gekochter und gegrillter Mais, Rote Beete, Kokosnuss und grüne Mandeln können als Zwischenmahlzeit gekauft werden.

Besonders exotisch wirken auf uns Europäer die *Suss*-Verkäufer, die Süßholzsaft anbieten. Der Verkäufer trägt eine traditionelle Kanne auf dem Rücken. Die Kanne hat zwei Kammern, eine für den Saft und eine für sauberes Wasser. Zum Waschen hat er einen Metall-Becher dabei. In die Kanne gehen ca. 30 – 40 Liter. Der Suss-Verkäufer ruft seine Kundschaft zusammen, indem er die Becher klingeln lässt. Er steckt zwei Becher ineinander und bewegt sie in der Hand hin und her. An diesem Klang erkennen alle den Suss-Verkäufer.

Natürlich dürfen die Säfte-Verkäufer nicht vergessen werden. Es gibt unterschiedliche Säfte aus verschiedenen Früchten, oder aus Karotten (frisch gepresst), die mit Eis feilgeboten werden.

Zum Ramadan wird in Syrien *Neiem*, ein dünner Maispfannkuchen, mit Sanddornsirup angeboten. Zuhause vorbereitet, wird der Teig über ein eingeöltes Blech gegossen – in Sekunden wölbt sich der Rand und der Pfannkuchen springt alleine vom Blech. Er wird kalt angeboten und schmeckt sehr knusprig und lecker. Auf der Straße wird er meist von Kindern oder älteren Menschen verkauft.

Liebe geht durch den Magen

Etwas möchte ich nicht unerwähnt lassen: die Mehr-Ehe. Ja, es gibt sie tatsächlich auch heute noch. Jeder Mann darf ganz offiziell bis zu vier Frauen heiraten! Aber dies können sich meist nur wohlhabende Männer leisten und ist heute in fast allen Schichten nur noch selten anzutreffen. Der Mann darf keine Frau bevorzugen. Was die eine bekommt, steht auch den anderen zu. Jede Frau besitzt ihr eigenes Schlafzimmer. Sie hat aber auch das Recht eine eigene Wohnung zu verlangen.

Ich denke, die Frauen werden oft im Stillen um die besondere Gunst ihres Mannes kämpfen. Eines ihrer Mittel wird sicherlich auch das Kochen sein, denn mit einem guten Essen lässt sich jeder Mann gerne verwöhnen.

Im Orient ist seit Kleopatra bekannt, dass es aphrodisierende Speisen gibt. Mir wurde erzählt, dass in den Flitterwochen Braut und Bräutigam sich gegenseitig mit Datteln, die mit Mandeln, Wal- oder Cashew-Nüssen gefüllt sind, füttern.

Granatapfelsaft soll sehr anregend sein, in einem schönen Kelch gereicht und bei Kerzenlicht wirkt er angeblich sehr erregend. Führt die Herzensdame noch einen schönen Bauchtanz vor, kann es ein toller Abend werden.

Auch See-Muscheln mit Zitrone, oder Gelee Royal soll hervorragend für sinnliche Stunden sein.

Auf die Zutaten kommt es an – Geheimnis der arabischen Küche

Exotische Gewürze wie Kardamom und Kreuzkümmel, sonnengereifte Gemüse und frische Kräuter sorgen in der arabischen Küche für Geschmackserlebnisse der besonderen Art. Lassen Sie sich einladen zu einer kulinarischen Entdeckungsreise ins Morgenland. Sie werden dabei auch einige bislang unbekannte Zutaten kennen lernen. Um Ihnen den Einstieg zu erleichtern vorab einige Erläuterungen zu den im Buch benutzten Zutaten, über ihre Herkunft und den Verwendungszweck.

Getreide

Burghul
Während insbesondere in Nordafrika *Couscous* bzw. Weizengrieß verwendet wird, hat sich im östlichen Mittelmeerraum und im ganzen Mittleren Osten *Burghul*, in der Türkei unter dem Namen *Bulgur* bekannt, durchgesetzt. Das aus Hartweizen hergestellte Grundnahrungsmittel gibt es auch als Bio- und Vollkornvariante. Bei der Herstellung werden die Weizenkörner zunächst vorgekocht und getrocknet, bevor sie geschrotet werden. Auf diese Weise vorbehandelt, verliert der Weizenschrot weniger Vitamine. Insbesondere als Zutat von Salaten oder warmen Gemüsegerichten ist Burghul beliebt. Im Gegensatz zum Couscous wird der Weizenschrot zum Garen nicht gedämpft, sondern gebacken, gekocht oder eingeweicht. Bei uns bieten neben türkischen Geschäften auch Naturkostläden und Reformhäuser Burghul an.

Couscous
Couscous ist ein zu feinen Kügelchen verarbeiteter Hartweizengrieß. Am bekanntesten ist seine Verwendung in dem gleichnamigen Nationalgericht der nordafrikanischen Länder Marokko, Tunesien und Algerien. Zudem ist er in der arabischen Küche als Zutat von Salatgerichten oder Beilage zu Gemüsegerichten beliebt. Ebenso wie andere Getreideprodukte gibt es Couscous auch in Öko- und Vollkornqualität. In einem aufwändigen Herstellungsschritt wird der Grieß zusätzlich mit einer dünnen Mehlschicht überzogen, damit sich später beim Garen keine Klümpchen bilden. Beim Zubereiten wird Couscous nicht gekocht, sondern zunächst mit Wasser angefeuchtet und dann in Wasserdampf gegart. Wer Couscous als Beilage einsetzen möchte, kann auf eine »Convenience«-Variante zurückgreifen, die man nur wenige Minuten in heißem Wasser ziehen lässt. Inzwischen ist Couscous bei uns nicht nur in arabischen Geschäften, sondern auch in Naturkostläden, Reformhäusern und in gut sortierten Supermärkten erhältlich.

Fladenbrot

In der arabischen Küche steht Brot als Grundnahrungsmittel an erster Stelle, sei es als Beilage oder als »Verpackung« für Falafel mit Salat und Joghurtsauce oder für warme Gemüsegerichte. Zur Herstellung des Fladenbrotes wurde ursprünglich lediglich gemahlenes Getreide mit Wasser zu einem Brei vermengt und dann in heißer Asche oder auf einem heißen Stein getrocknet. Heute backen konventionelle Fladenbrotbäcker meist mit Hefe und 405er Weizenmehl. Daneben gibt es zahlreiche Varianten, mit oder ohne Zusatz von Sauerteig sowie aus mehr oder weniger hoch ausgemahlenem Weizen.

Nüsse und Samen

Pinienkerne

Die Pinie ist eine im Mittelmeerraum weit verbreitete Kiefernart, erkennbar an ihrer breiten Schaumkrone. Ihre weichen, länglich-ovalen Samen von gelblich-weißer Farbe werden gerne gesalzen, roh oder geröstet gegessen. Des Weiteren verfeinern die Nusskerne mit ihrem mildsüßen Aroma nicht nur in der mediterranen, sondern auch in der arabischen Küche zahlreiche Speisen.

Sesam

Die genaue Herkunft ist noch ungewiss, die einen halten Ostafrika, die anderen Indien für seine Heimat. Auf jeden Fall ist sie eine der ältesten Kulturpflanzen der Welt. Die einjährige Pflanze bringt Fruchtkapseln hervor, die bei der Reife aufplatzen. Die angenehm nussig schmeckenden Samen sind in der Regel weiß, manchmal aber auch schwarz, dunkelbraun oder rötlich. Die Samen werden getrocknet und geröstet, wobei sich das charakteristische Aroma entwickelt. Durch Pressung wird aus dem Samen ein sehr wertvolles und aromatisches Öl gewonnen. Dabei entsteht als Nebenprodukt Sesammus bzw. *Tahina* – so die arabische Bezeichnung. Aus den arabischen Ländern kennen wir ferner *Halva*, eine Süß-Speise aus gemahlenen Sesamkörnern. Vor allem das Sesamöl hat einen hohen gesundheitlichen Wert. Es enthält reichlich essentielle Fettsäuren, dazu kommt ein hochwertiges Eiweiß. Bei uns kauft man Sesammus im Naturkostladen, Reformhaus und türkischen oder asiatischen Lebensmittelgeschäften.

Obst und Gemüse

Aubergine

Die Aubergine, auch Eierfrucht genannt, ist ein Nachtschattengewächs. Im neunten Jahrhundert wurde sie von den Arabern aus Indien nach Nordafrika gebracht. Die vielfältigen Fruchtformen unterschiedlicher Größe reichen von kugelig, birnenförmig bis zu langzylindrisch. Neben dem bekannten blauschwarzen Aubergine-Farbton gibt es auch weiße und malvenfarbene Sorten mit schwarzen Punkten.

In der arabischen Küche ist die Aubergine – auch »Fleisch des armen Mannes« genannt – unverzichtbar. Ihr Fruchtfleisch wird beispielsweise mit anderem Gemüse gedünstet oder in Scheiben in Olivenöl gebraten. Zubereitet mit einer wohlschmeckenden Füllung, bieten sie einen besonderen Genuss.

Auch in puncto Nährstoffangebot hat die Aubergine viel zu bieten. Zu den zahlreichen Vitaminen und Mineralstoffen gesellen sich ätherische Öle und Bitterstoffe – allesamt gut für die Gesundheit. Beim Kauf sollte man darauf achten, dass die Haut keine dunklen Flecken hat. Die Frucht sollte prall und fest sein. Alte und überreife Früchte sind innen bräunlich.

Karotte (Möhre)

Als Wildform in Mitteleuropa vorkommend, gehört sie zu der botanischen Familie der Doldengewächse. Die kultivierte Form ist vermutlich aus einer Kreuzung der wilden Möhre mit der im Mittelmeerraum beheimateten Riesenmöhre hervorgegangen. Es gibt zahlreiche Formen – von spitz, kegelförmig bis eiförmig variierend. Weltweit angebaut, werden Karotten mannigfaltig zubereitet – sei es als Rohkostsalat oder als Zutat von Gemüsegerichten oder Suppen. Je kräftiger die Farbe der Mohrrübe, desto größer der Anteil des Pflanzenfarbstoffes und Provitamins Beta-Carotin. Wie gut der Inhaltsstoff vom Körper aufgenommen wird, ist von der Zubereitung abhängig. Beim Blanchieren und Zerkleinern (mit der Raspel oder Saftpresse) werden die harten Zellwände weichgekocht bzw. aufgeschlossen. Auch etwas mit der Nahrung aufgenommenes Fett erhöht die Aufnahme des fettlöslichen Beta-Carotins.

Paprika

Die Entdeckung der Paprika verdanken wir Kolumbus und den spanischen Kolonisatoren Südamerikas. Wegen ihres pfeffrigen Geschmacks wurde sie Spanischer Pfeffer genannt, jedoch zunächst nicht als Gewürz, sondern als exotische Zierpflanze angebaut.

Heute ist die Paprika weltweit bekannt. Paprika gehört wie die Tomate und die Chili zu den Nachtschattengewächsen. Hierzulande kennen wir vor allem die Gemüsepaprika mit ihren großen, fleischigen Schoten. Im Gegensatz dazu kann die arabische Küche auf eine große Sortenvielfalt zurückgreifen – darunter kleine, große, dünne und lange Schoten von grüner, roter, gelber und schwarzvioletter Farbe. Auch im Geschmack unterscheiden sich die einzelnen Arten. Manche sind süßlich, manche mild und andere sehr scharf. Je nach Farbe variiert ihr Gehalt an Vitamin C. Am vitaminreichsten sind rote Paprika, gefolgt von den gelben.

Tomaten

Die ursprünglich aus Südamerika stammenden Tomaten gehören ebenfalls zur Familie der Nachtschattengewächse. Neben der bei uns geläufigen Safttomate gibt es Tomaten in verschiedenen Formen und Größen, darunter grüne Tomaten, Eiertomaten, Fleisch- und Kirschtomaten. In der arabischen Küche haben Tomaten ihren angestammten Platz – sei es als Zutat von Salaten, Aufläufen oder Eintopfgerichten. Die sonnengereiften Tomaten, die es dort zu kaufen gibt, sind in der Regel sehr viel größer und geschmacksintensiver als die hier erhältlichen. Manche Sorten werden bei uns ganzjährig angeboten; andere, wie die grünen Tomaten, sind seltener.

So richtig schmackhaft sind Tomaten in der Saison von Juli bis Oktober und aus einheimischem Anbau, denn dann kommen sie voll ausgereift auf den Tisch.

Muluchiya
Muluchiya ist ein spinatähnliches Gemüse, das bei uns allerdings nur getrocknet erhältlich ist. Ersatzweise bieten sich andere Blattgemüsearten wie Spinat oder Mangold an.

Okra
Okra oder *Bamiah* – so die arabische Bezeichnung – ist ein ursprünglich aus dem tropischen Teil Asiens stammendes Hibiskusgewächs. Das längliche, spitz zulaufende Fruchtgemüse, die Okraschote, wird noch unreif und grün geerntet. Es wird gekocht, konserviert oder getrocknet. Beim Kochen nehmen die Okraschoten wegen ihres hohen Schleimgehaltes eine geleeartige Konsistenz an und gelten deshalb als besonders magenfreundlich. In Deutschland gibt es Okra selten zu kaufen, am ehesten in asiatischen oder türkischen Geschäften oder im gut sortierten Lebensmittelgeschäft.

Portulak
Portulak, auch unter dem Namen Purzelkraut oder Kreusel bekannt, ist in Indien und Vorderasien heimisch. Dort findet man ihn vor allem wildwachsend in Weinbergen und auf sonnigen Hügeln. Im Mittleren Osten und in Teilen Südeuropas wird dieser wichtige Vertreter der Portulakgewächse als Küchenkraut angebaut. Man erkennt ihn an den verzweigten saftigen Stängeln, die etwa 30 – 60 cm lang werden, sowie an den fleischigen Blättern und den gelben Blüten. Die Blätter schmecken angenehm säuerlich und schwach salzig. Mit ihnen lassen sich würzige Salate zubereiten, kleingehackt geben sie Salat eine besondere Geschmacksnote. Die gesundheitliche Bedeutung des Portulaks liegt vor allem im hohen Vitamin- und Mineralstoffgehalt der Blätter. Im Orient ist er als sanftes Abführmittel bekannt.

Bitterorange
Orangen wurden erstmals von den Chinesen kultiviert. Darauf deutet ihr lateinischer Name »Citrus sinensis« hin. Von China gelangten die Orangen über Indien in den Mittelmeerraum. Zu der süßen Orange, als Saft oder Tafelobst gleichermaßen beliebt, gesellt sich die weniger bekannte

Bitterorange bzw. Pomeranze. Aufgrund ihres bitteren Geschmacks kommt sie bei uns hauptsächlich in Orangeat vor. Ferner eignen sich Bitterorangen als Zutat für Marmelade oder Fruchtsäfte.

Kabbat
Kabbat ist eine Art Pampelmuse, die in einigen arabischen und südlichen Ländern wächst. Sie ist bei uns in türkischen, arabischen und asiatischen Läden, zunehmend aber auch in großen Supermärkten erhältlich.

Granatapfel
Der heute in vielen Sorten angebaute Granatapfelbaum stammt vermutlich aus Persien oder Afghanistan und gilt als eines der ältesten Kulturgehölze. Das saftige Fruchtfleisch bildet den eigentlich essbaren Teil des Granatapfels. Genau genommen handelt es sich hierbei um die äußere Schale der zahlreichen Samen, die zur Reife hin fleischig saftig werden. Es gibt süße und sauer schmeckende Sorten – allesamt sehr gesund. Die apfelgroßen Früchte werden heute überwiegend zu Saft, als Grenadine bezeichnet, verarbeitet, da der Verzehr wegen der vielen Kerne mühselig ist.

Verzehrtipp: Zum Schälen den Granatapfel in vier Teile schneiden und mit einem harten Gegenstand auf die Schalenseite klopfen, dabei den Granatapfel in der Hand halten. Die roten Kerne fallen so leicht heraus.

Olive
Der Ölbaum ist eine sehr alte Kulturpflanze des gesamten Mittelmeergebietes. Im Alltagsleben der Menschen in den mediterranen Ländern spielt er immer noch eine große Rolle. So ist der Olivenanbau für ihren Lebensunterhalt meist unersetzlich. Der immergrüne Ölbaum erscheint zwar verwachsen und verkrüppelt, wird aber sehr alt. Die kleinen ovalen Steinfrüchte werden entweder grün (unreif) oder schwarz (reif) geerntet. Je nach Herkunft variieren Geschmack und Preis der aus Oliven gewonnenen Öle beträchtlich. Man verwendet Olivenöl zum Anmachen von Salaten und Marinieren von Gemüse für kalte Vorspeisen, aber auch zum Kochen und Braten von Gemüse wie Zucchini, Tomaten, Auberginen.

Das Olivenöl ist reich an wichtigen Fettsäuren, auf die der Körper für die verschiedensten Stoffwechselprozesse angewiesen ist.

Dattel

Dattelpalmen wachsen hauptsächlich in den Wüstenoasen der arabischen Halbinsel – also in Kuwait, Oman, den Vereinigten Arabischen Emiraten, Saudi-Arabien und im Irak. Gerade in diesen Ländern fängt der Morgen bereits mit dem Genuss von Datteln an – entweder frisch oder mit Eiern gebraten. Die getrockneten Früchte werden bevorzugt für Süßspeisen oder Kuchen verwendet. Sie konservieren sich quasi selbst, da sie zur Hälfte aus Zucker bestehen, so sind sie lange haltbar. Die verschiedenen Formen und Qualitäten reichen von großen, entsteinten oder ganzen Tafeldatteln bis hin zu billigeren gepressten Varianten. Hierzulande gibt es getrocknete Datteln fast überall zu kaufen.

Tamarinde

Tamarinde, auch Sauerdattel genannt, ist ursprünglich in Äthiopien und Indien beheimatet. An dem bis zu 20 m hohen Baum wachsen braune, längliche Schoten, die ovale Samen und ein braunes, süß-saures Fruchtfleisch enthalten.

Tamarindenmus, eine feste Masse aus dem Fruchtfleisch und den Kernen der braunen Schoten wird in asiatischen und arabischen Lebensmittelgeschäften angeboten. Vor allem sein hoher Gehalt an Wein-, Apfel-, Zitronen- und anderen Säuren macht es zu einer beliebten Würzzutat. In Wasser aufgelöstes Tamarindenmus schmeckt aromatisch säuerlich und hat einen erdig-würzigen Beigeschmack.

Man erhält es als Block aus gepressten Früchten, die mit kochendem Wasser übergossen und nach einer gewissen Einweichzeit ausgepresst werden müssen.

In größeren Mengen hat Tamarindenmus eine abführende Wirkung.

Hülsenfrüchte

Dicke Bohnen
Die Dicke Bohne, auch Sau-, Pferde-, Acker- oder Puffbohne genannt, gehört zur Gattung der Wicken. Vermutlich aus Vorderasien stammend, ist sie eine der ältesten Kulturpflanzen. Sie wird frisch oder getrocknet verwendet. Normalerweise werden nur die Bohnenkerne gegessen. Sehr junge Schoten können aber geschnitten und gekocht werden. Die grünen, noch unreifen Kerne müssen aus ihrer wattigen Haut gepult werden. Daneben sind die bereits reifen braunen Bohnen in getrockneter Form in vielen Gerichten zu finden. Aufgrund ihres niedrigen Preises bei gleichzeitig hohem Nährwert, zum Beispiel dem hohen Eiweißgehalt, sind Bohnengerichte insbesondere bei der ärmeren Bevölkerung beliebt. Vielfach isst man die braunen Bohnen bereits zum Frühstück. Wohl am bekanntesten ist die ägyptische Spezialität *Ful*, Dicke Bohnen in Öl.

Erbsen
Die Heimat der Erbsen ist der Mittlere Osten. Botanisch zählen die Schoten mit ihren eiweißreichen Samen zu den Hülsenfrüchten. Von den rund 250 Sorten sind Grüne Erbsen und Zuckerschoten am weitesten verbreitet. Sie werden nach Erntezeit, Größe, Form und Farbe unterschieden. Die Farbe der Erbse ist von der Bodenbeschaffenheit und der Sonneneinstrahlung abhängig. Sie sagt nichts über Qualität und Kocheigenschaft aus, dafür ist der Stärkeanteil der Erbse verantwortlich. Neben den frischen Erbsen werden in der arabischen Küche häufig auch reife, getrocknete Erbsen verwendet.

Kichererbsen
Vermutlich in Südwestasien beheimatet, gehören die Kichererbsen zu der Familie der Schmetterlingsblütengewächse. Von den verschiedenen Sorten sind die Mittelmeer-Kichererbse und die orientalische Kichererbse hervorzuheben. Ihr hoher Eiweißgehalt macht sie in der arabischen Küche zu einem unverzichtbaren Grundnahrungsmittel. So ergeben Kichererbsen, kombiniert mit Weizen und Sesam, eine ähnlich wertvolle Eiweißzusammensetzung wie tierisches Eiweiß. Zudem enthalten sie reichlich Ei-

sen. Viele Zubereitungsarten, wie Pürieren, Mahlen, Rösten, Frittieren oder Kochen, sind üblich. Am bekanntesten sind zweifelsohne *Falafel*. Serviert mit Salat und Fladenbrot, erfreuen sie sich auch hierzulande großer Beliebtheit. Es gibt bei uns Kichererbsen getrocknet oder bereits gegart in Dosen zu kaufen, nicht nur in arabischen und türkischen Geschäften, sondern auch in gut sortierten Naturkostläden oder Supermärkten.

Kidneybohnen
Diese den weißen Bohnen ähnliche Bohnensorte – beide Vertreter der Familie der Schmetterlingsblütengewächse – ist von dunkelroter Farbe. Neben einem ziemlich süßen Geschmack zeichnen sich die Kidneybohnen, auch unter der Bezeichnung rote Bohnen bekannt, durch eine mehlige Konsistenz aus. Vor allem in der amerikanischen Küche spielen sie eine Rolle; in arabischen Ländern sind sie weniger üblich. Zu kaufen gibt es sie als Konserve oder getrocknet.

Rote Linsen
Von alters her sind Linsen eine wichtige Hülsenfrucht. Sie haben ihren Ursprung im alten Ägypten und in Kleinasien. Von den zahlreichen Linsensorten, die gewöhnlich nach ihrer Farbe benannt werden, kommen in der arabischen Küche vor allem die Roten Linsen – getrocknet und halbiert – vor. Das preiswerte, zugleich eiweiß- und eisenreiche Grundnahrungsmittel wird gerne mit Reis oder als Mus serviert. Aus Linsen lassen sich ferner recht schnell Suppen oder Eintopfgerichte zubereiten, zumal sie geschält sind und deshalb eine kurze Garzeit haben. Zudem müssen sie vor dem Kochen nicht eingeweicht werden. Erhältlich sind sie im Naturkostgeschäft, Reformhaus oder in gut sortierten Supermärkten.

Kräuter & Gewürze

Knoblauch
Knoblauch gehört zu den ältesten Gewürzpflanzen. Zusammen mit der Zwiebel wurde er bereits in altägyptischen Totenkammern bildlich dargestellt. Botanisch gehört er zu der Familie der Liliengewächse. Eine Knob-

lauchzwiebel besteht aus mehreren Zehen, die von einer weißlichen Haut eingehüllt sind. Mit der Zeit trocknen diese Häute aus, werden papierartig und spröde, schützen aber die Zehe noch lange vor dem Austrocknen. In der arabischen Küche hat Knoblauch seinen angestammten Platz. Er dient vielen als wahres Lebenselixier – so etwa als Vorbeugungsmittel gegen Infektionen aller Art sowie als Antiseptikum bei äußerlichen Verletzungen. Auch als blutdrucksenkendes und blutreinigendes Mittel zur Vorbeugung von Arterienverkalkung hat er sich bewährt.

Kardamom

Das im Arabischen *Heel* genannte Ingwergewächs ist vermutlich indischen Ursprungs und ist nach Safran und Vanille eines der feinsten und teuersten Gewürze. Man unterscheidet zwei Arten, den grünen, zugleich kleineren und geschmacksintensiveren Kardamom sowie den roten, großen Kardamom. Die Samen sitzen in einer Kapselhülle, die als natürliche Verpackung die ätherischen Öle des Gewürzes bewahren hilft. In der arabischen Küche werden die zerdrückten Kardamomsamen gerne dem Kaffee zugegeben. So findet man bei arabischen Beduinen Kaffeekannen, in deren Ausguss einige Kardamom-Kapseln Platz finden. Je nach Lagerung variiert der Gehalt an ätherischen Ölen in den Samen. Sobald sie gemahlen sind, verlieren sie ihr Aroma sehr rasch. Daher sollte man nur ganze Kardamomkapseln aufbewahren. Beim Aufdrücken der Kapseln können die Samen leicht entnommen und nach Bedarf vermahlen werden. Kardamom ist ganz oder gemahlen im Naturkostladen, Reformhaus, Gewürzladen oder türkischen Lebensmittelgeschäften erhältlich.

Koriander

Ursprünglich ist Koriander aus der Familie der Doldengewächse im vorderen Orient beheimatet. Während bei uns üblicherweise die kugeligen Früchte als Gewürz dienen, werden in der arabischen Küche bevorzugt die stark aromatischen, frischen Korianderblätter zum Würzen und Dekorieren zahlreicher Speisen verwendet. Glatte Petersilien- und Korianderblätter sind äußerlich leicht zu verwechseln, haben jedoch einen ganz anderen Geschmack. Frischer Koriander ist mitunter im indischen Lebensmittelgeschäft oder gut sortierten Gemüsegeschäften erhältlich, lässt sich ansonsten leicht von Hobbygärtnern innerhalb von 18 – 20 Tagen aus den Samen ziehen.

Kreuzkümmel

Kreuzkümmel – auch Römischer Kümmel, Cumin oder im Arabischen *Kamoun* genannt – stammt aus Indien, Ostasien und dem Mittelmeerraum. Vom Aussehen her ähnelt der Kreuzkümmel dem deutschen Kümmel, schmeckt jedoch völlig anders. Als Gewürz dienen die gemahlenen Samen, die mit ihrem bitter-scharfen Geschmack vielen arabischen Gerichten ihren charakteristischen Geschmack verleihen. Seine ätherischen Öle machen die Speisen besser verdaulich. Zu kaufen gibt es Kreuzkümmel bei uns im Naturkostladen, Reformhaus sowie in türkischen und arabischen Geschäften oder im gut sortierten Lebensmittelgeschäft.

Minze

Die Minzen, zu der Familie der Lippenblütler zählend, werden schon seit dem Mittelalter als Heil- und Gewürzpflanzen geschätzt. Neben der Pfefferminze, die in unserer gemäßigten Klimazone beheimatet ist, gibt es noch viele weitere Minzearten mit hellgrünen bis dunkelgrün-rötlichen Blättern. In der arabischen Teekultur ist die Frauenminze – in Marokko als *Na'ana* bekannt – unverzichtbar. Mit Minze verfeinert und mehr oder weniger stark gesüßt, wird grüner oder schwarzer Tee dort getrunken. Dank des Vorkommens von Menthol und Gerbstoffen vereinigt die Pfefferminze Wohlgeschmack und Heilwirkung in einem. So wirkt Pfefferminze appetitanregend und krampflösend. Auch bei Magen- und Gallenproblemen wird häufig Minztee als Heilmittel verordnet.

Petersilie

Petersilie ist eine sehr alte Gewürz- und Heilpflanze. Seit mehr als 2000 Jahren ist sie nachweislich bekannt. Vermutlich stammt die Petersilie aus dem südöstlichen Mittelmeerraum. Da sie aber sehr robust, anpassungsfähig und frosthart ist, konnte sich die Pflanze in der ganzen Welt verbreiten. Es gibt glatte und krause Petersilie. Wegen ihres feinen Aromas und milden Geschmacks wird sie vielseitig verwendet, so auch in der arabischen Küche. Dort ist die glatte Petersilie in vielen Gerichten zu finden.

Die Blätter sind sehr reich an Vitaminen und Mineralien, allen voran Vitamin C und das herzfreundliche Kalium. Weitere wertvolle Inhaltsstoffe sind Bioflavone, die Gefäße abdichten und zugleich entzündungshemmend und antiallergisch wirken.

Safran
Der Name Safran stammt vom arabischen *Zafran*, was soviel wie »gelb färben« bedeutet. Schon seit biblischen Zeiten ist Safran eines der exklusivsten und teuersten Gewürze und nur den Reichen vorbehalten. Vermutlich stammt der Safran aus dem östlichen Mittelmeerraum. Safran ist ein ganz enger Verwandter unseres Krokusses, beides Vertreter aus der Familie der Schwertliliengewächse. In der Küche werden seine getrockneten Blütennarben zum Würzen und Färben von Speisen verwendet, hier reichen minimale Mengen aus. Echter Safran duftet stark, schmeckt leicht bitter und zugleich honigsüß. Nicht nur in der arabischen, sondern auch in der indischen Küche ist er gebräuchlich. In indischen Geschäften, Gewürzläden und gut sortierten Lebensmittelgeschäften gibt es Safran zu kaufen. Als Safranersatz bietet sich *Osfor* an, der in arabischen oder asiatischen Läden erhältlich ist.

Sumach
Bereits die Römer und Etrusker nutzten das Sumachpulver zum Würzen ihrer Speisen. Hierbei handelt es sich um die roten, getrockneten, grob gemahlenen Beeren des mediterranen Gerber-Sumachstrauches. Wegen seines fruchtig-säuerlichen Aromas ist Sumach auch heute noch ein geschätztes Gewürz in Palästina, Syrien sowie im Libanon und Iran. Seit dem Mittelalter ist es zudem als Heilmittel bekannt. Seine Gerbstoffe und ätherischen Öle helfen bei Leber-, Magen- und Darmbeschwerden und wirken zugleich appetitanregend.

Thymian
Die aromatischen Thymianblättchen werden in der arabischen Küche nicht ganz so häufig verwendet wie im Mittelmeerraum. Gemüsegerichten, Füllungen oder Eintöpfen verleiht er das gewisse Etwas. In arabischen und asiatischen Lebensmittelgeschäften wird die spezielle Gewürz-

mischung *Saatar* angeboten, die hauptsächlich aus getrocknetem Thymian besteht, je nach Rezeptur kann Sesam oder Sumach mit enthalten sein.

Thymian eignet sich nicht nur zum Würzen der Speisen, sondern wurde früher auch aufgrund seiner antibakteriellen Eigenschaften zum Konservieren von Käse oder anderen Lebensmitteln verwendet.

Die enthaltenen ätherischen Öle und Gerb- und Bitterstoffe helfen, Husten und Halsentzündungen zu lindern und sollen sich auch wohltuend auf die Psyche auswirken.

Roh-Rohrzucker

Zuckerrohr ist ein hohes Rispengras, das vermutlich in Neuguinea heimisch ist, aber in allen tropischen Ländern angebaut wird. Der Zuckerrohrsaft wird mit Walzen aus den Grashalmen ausgepresst, dann gereinigt und im Vakuum – unterstützt durch die Zugabe von Zuckerkristallen – zur Kristallisation eingedickt. Zuletzt zentrifugiert man den auskristallisierten Roh-Rohrzucker vom Muttersirup ab. Je nach Melassegehalt variieren Mineralstoffgehalt, Farbe und Geschmacksintensität des Roh-Rohrzuckers. Mit einem Gehalt von 20 % Melasse und 80 % Saccharose fällt die Melasse am dunkelsten und geschmacksintensivsten aus, gefolgt von dunklem und hellem Muscovado und Demerarazucker. Erhältlich ist Roh-Rohrzucker in Naturkostläden, Reformhäusern und in gut sortierten Lebensmittelgeschäften. Neuerdings wird in Naturkostläden auch Puderzucker aus Roh-Rohrzucker angeboten.

Rosenwasser

Aus Persien wurden schon vor 2000 Jahren Rosenöl, Rosenwasser, Rosenwein und andere Rosenprodukte in die ganze Welt gebracht. Es gibt unzählige Rosensorten. In der Küche finden wir vor allem die Damaszenerrose, die Zentifolie und die Essigrose. Sie duften auch in getrocknetem und gemahlenem Zustand noch sehr stark. Mit den frischen oder getrockneten Blättern werden Marmeladen und Gelees hergestellt. Aus den Rosenblättern wird Rosenöl gewonnen. Unverschnittenes, unverdünntes Rosenöl ist sehr teuer und auch sehr geruchsintensiv. In der Küche wird es meist durch Rosenwasser ersetzt, das bei der Gewinnung von Rosenöl anfällt. Es wird als Getränk oder als Zutat für Süßspeisen benutzt. Der arabische Name für Rosenwasser ist *Mayit al Saher*. Die getrockneten und gemahlenen Blätter wirken durch ihren angenehmen Duft positiv auf unser Wohlbefinden. Rosenhonig lindert Entzündungen in Mund und Rachen. Bei uns bekommt man ökologisch erzeugtes Rosenwasser in Naturkostläden und Läden für Naturkosmetik.

Sago

Echter Sago wird aus dem Stamm der Sagopalme gewonnen. Dabei wird das stärkereiche Mark des Stammes feucht durch Siebe gepresst und in warmen Pfannen getrocknet. Meist wird der als Bindemittel eingesetzte Sago in Perlform angeboten. In heißer Flüssigkeit quillt er stark auf und wird glasig. Alternativ wird Sago auch aus Kartoffelstärke hergestellt.

Hinweise zu den Rezepten

Die meisten Rezepte enthalten Angaben zur Personenzahl, für die dieses Gericht geeignet ist. Dabei sollten aber zwei Dinge berücksichtigt werden:

Bei einem arabischen Essen kommen immer mehrere Vor- oder Hauptspeisen auf den Tisch. Vor allem im Libanon, in Syrien oder in Jordanien ist es üblich, zu Beginn einer Mahlzeit eine Vielzahl an *mezze* zu servieren. Jeder nimmt sich, was er mag – und da nie genau klar ist, was am besten ankommt, ist es natürlich wichtig, das von allem reichlich vorhanden ist.

Im Orient sind die Menschen sehr gastfreundlich. Da es immer sein kann, das überraschend noch weitere Personen zum Mitessen eingeladen werden, wird lieber gleich ein bisschen mehr gekocht. Falls etwas übrig bleiben sollte, wird es halt bei der nächsten Mahlzeit noch einmal mit serviert. Das ist meist auch kein Problem, da viele Speisen auch kalt noch äußerst wohlschmeckend sind.

Die Mengenangaben sind daher nur als Orientierungshilfe anzusehen.

Kleine Gerichte für die Frühstücks- und Vorspeisentafel

Al Futur

Wenn immer möglich, beginnt der Morgen in den arabischen Ländern in Ruhe und mit einem üppigen Frühstück. Neben Fladenbrot werden beispielsweise Dicke Bohnen, Kichererbsenmus oder Gebratene Eier mit Datteln aufgetischt. Dazu gibt es frisches Obst, Nüsse oder auch Joghurt. Viele der Gerichte, zum Beispiel auch Käse- und Spinatschiffchen oder Rosenmarmelade können aber ebenso auch Bestandteil einer Vorspeisentafel sein.

Arabischer Mokka
Kahwa

Arabische Länder

Für 4 Tassen Mokka:
1½ – 2 gut gehäufte TL Mokka
1 Messerspitze gemahlener Kardamom
4 TL Roh-Rohrzucker (oder anderes Süßungsmittel nach Geschmack)

1. Mokka, Kardamom und das Süßungsmittel in eine Dole (kleiner Topf mit Stiel und Ausgussnäschen) geben.
2. Das Ganze mit ¼ l heißem Wasser übergießen und den Kaffee kurz brühen lassen.
3. Es gibt auch die Möglichkeit den Mokka mit kaltem Wasser anzusetzen und ihn einige Male aufkochen zu lassen – aber Vorsicht, der Mokka läuft schnell über. Danach auf niedriger Temperatur etwa 5 Minuten leicht köcheln lassen.

In der Arabischen Welt beginnt der Morgen meist mit einem schönen Mokka. Er wird gerne im traditionellen Gewand, der »Galabia«, bei uns besser als Kaftan bekannt, eingenommen.
Der Mokka wird aus dunkel gerösteten Kaffeebohnen, die pulverfein gemahlen werden, zubereitet. Er ist sehr bekömmlich.

Bitterorangen-Marmelade
Mouraba Narinja

Algerien

Für ca. 500 g:
500 g Bitterorangen
500 g Roh-Rohrzucker

1. Bitterorangen schälen, in Stücke zerteilen und das Fruchtfleisch entkernen. Die Orangen in einen Topf (am besten beschichtet) geben und den Roh-Rohrzucker dazugeben. Bei stärkerer Hitze ca. 15 Minuten aufkochen lassen. Dabei gut umrühren.
2. Das Fruchtmus bei schwacher Hitze ca. 1½ Stunden köcheln lassen.
3. Die Marmelade abkühlen lassen und in saubere Gläser füllen.

○ Der Fruchtaufstrich sollte möglichst bald verzehrt werden.

Feigen-Marmelade
Mouraba Tien

Arabische Länder

Für ca. 500 g:
500 g frische Feigen
800 g Roh-Rohrzucker
1 EL Wasser

1. Die frischen Feigen waschen und trocknen lassen.
2. Zucker und Wasser in einen Topf geben und einmal kräftig aufkochen lassen. Die Feigen dazugeben, bei schwacher Hitze ohne umzurühren ca. 2½ Stunden köcheln lassen.
3. Die Marmelade abkühlen lassen und in saubere Gläser füllen.

○ Die Feigenmarmelade schmeckt frisch am besten und sollte möglichst bald verzehrt werden.

Rosen-Marmelade
Mouraba Ward

Syrien

Für ca. 500 g:
500 g weiße oder rosarote Rosenblüten
(nicht behandelt)
500 g Roh-Rohrzucker
1 EL frisch gepresster Zitronensaft

1. Die weißen oder rosaroten Rosenblütenblätter waschen und vorsichtig trocken tupfen.
2. Die Blüten in einen Topf mit 1 l Wasser geben und einige Male aufkochen lassen. Die Rosenblüten mit dem Schaumlöffel herausnehmen und abtropfen lassen.
3. Die getrockneten Blätter dann in einem Topf (am besten beschichtet) mit dem Roh-Rohrzucker und 7 EL kaltem Wasser gut vermischen. Den Zitronensaft dazu geben und alles ca. 1 Stunde bei schwacher Hitze köcheln lassen.
4. Die Marmelade abkühlen lassen und in ein sauberes Glas füllen.

Aus weißen und rosaroten Rosenblüten wird auch Rosenwasser, arabisch »Mayit al Saher« gemacht. Es ist eine beliebte Zutat für Getränke oder Süßspeisen.

Wassermelonen-Marmelade
Mouraba Batiech

Syrien

Für ca. 500 g:
500 g weißes Fruchtfleisch (nicht das rote!) einer Wassermelone
500 g Roh-Rohrzucker

1. Das weiße Fruchtfleisch einer Wassermelone in ca. 2 – 3 cm lange und 1 – 2 cm dicke Streifen schneiden.
2. In einen beschichteten Topf geben und den Roh-Rohrzucker hinzufügen. Bei stärkerer Hitze ca. 15 Minuten unter gelegentlichem Rühren aufkochen lassen.
3. Den Topf vom Herd nehmen und 2 – 3 Minuten stehen lassen. Die Herdplatte inzwischen auf niedrige Temperatur herunterschalten und die Marmelade bei geringer Hitze noch einmal 1½ Stunden köcheln lassen, dabei ab und zu umrühren.
4. Die Marmelade abkühlen lassen und in ein sauberes Glas füllen.

Bei uns sind die grünen Wassermelonen vor allem wegen ihres roten, saftigen Fruchtfleisches beliebt. In arabischen Ländern wird aus dem Fruchtfleisch auch Saft hergestellt.

Das weiße Fruchtfleisch sitzt direkt unter der Schale und kann zu dieser wohlschmeckenden Marmelade verarbeitet werden. Und auch die dunklen Kerne werden in den arabischen Ländern genutzt: Getrocknet und gesalzen werden sie zum Knabbern angeboten.

Auberginen-Marmelade
Mouraba Badinjan

Syrien

Für ca. 500 g:
500 g kleine Auberginen
500 g Roh-Rohrzucker (oder anderes Süßungsmittel)
1 EL frisch gepresster Zitronensaft

1. Auberginen dünn schälen und in ca. 7 cm große Würfel schneiden.
2. Die Auberginenstücke in einen Topf (am besten beschichtet) geben und den Zucker einrühren. Auberginen und Zucker bei stärkerer Hitze ca. 15 Minuten unter gelegentlichem Rühren aufkochen lassen.
3. Den Topf vom Herd nehmen und 2 – 3 Minuten stehen lassen. Die Herdplatte auf niedrige Stufe herunterschalten und die Marmelade noch 1½ Stunden bei geringer Temperatur einkochen lassen, dabei gelegentlichem umrühren.
4. Zum Schluss 1 EL frisch gepressten Zitronensaft dazugeben, umrühren und nochmals kurz aufkochen lassen.
5. Die Marmelade abkühlen lassen und in ein sauberes Glas füllen.

Das Frühstück wird bei den Arabern traditionell nicht wie bei uns in großer Eile eingenommen. Die Menschen im Orient lassen sich, wenn immer möglich, Zeit – nach dem Motto: was heute nicht ist, kann ja morgen noch werden.
In einigen Regionen, besonders auf dem Lande, isst man von einem runden Tablett, das auf dem Boden steht. Die Mahlzeit wird dann im Schneidersitz eingenommen.

Kabbat-Marmelade
Mouraba Kabbad

Saudi-Arabien

Für ca. 500 g:
500 g Kabbat
500 g Roh-Rohrzucker

1. Kabbat schälen und das Fruchtfleisch in einen (beschichteten) Topf geben. Danach den Zucker hinzufügen. Bei starker Hitze alles etwa 10 Minuten aufkochen lassen – gelegentlich umrühren.
2. Den Topf von der Feuerstelle nehmen und die Marmelade etwas abkühlen lassen. Dann bei schwacher Hitze noch etwa 1½ Stunden köcheln lassen, dabei gelegentlich umrühren.
3. Danach die Marmelade abkühlen lassen und in ein sauberes Glas füllen. Rasch verzehren.

Kabbat ist eine Art Pampelmuse, die in einigen arabischen und südlichen Ländern wächst. Kabbat oder andere exotische Früchte wie Bitterorangen oder Datteln gibt es bei uns bereits in türkischen, arabischen und asiatischen Läden; zunehmend aber auch in großen Supermärkten.

Thymian-Plätzchen
Manaisch

Syrien

Für 4 Personen:
500 g Weizenmehl, Type 1050
10 EL Rapsöl
200 g Magerquark
etwas Wasser und Salz
3 EL Saatar (Thymian-Gewürzmischung)
3 EL Sesamkerne

1. Aus Mehl, 2 EL Rapsöl, Quark und etwas Salz und Wasser einen glatten Teig kneten. Mit dem Nudelholz oder mit den Händen aus dem Teig ½ cm dicke, ovale Plätzchen formen. Dabei den Teigrand etwas nach oben drücken, damit die Füllung beim Backen nicht wegläuft.
2. Saatar, Sesamkerne und restliches Rapsöl in eine Schale geben und gut vermischen. Die Masse auf die Teigplätzchen verteilen.
3. Thymianplätzchen auf ein gefettetes Backblech setzen und im Backofen bei 200° C etwa 15 Minuten goldbraun backen lassen.

○ Aus dem Teig können auch kleine Schiffchen geformt werden.

Saatar ist eine Gewürzmischung, die zum größten Teil aus Thymian besteht und Sesam oder auch Sumach enthalten kann. Sie ist in arabischen und asiatischen Lebensmittelgeschäften erhältlich.

Datteln mit Ei
Ajua ma Beid

Kuwait / Oman / Saudi-Arabien / Irak

Für 2 Personen:
150 g Butter oder Sonnenblumen-Margarine
250 g entkernte Datteln
3 Eier

1. Butter oder Margarine in eine Pfanne geben und bei schwacher Hitze zerlassen.
2. Datteln dazu geben, langsam weich werden lassen und dann mit einer Gabel zerdrücken.
3. Eier in einer Schüssel schaumig schlagen und zu den Datteln geben.
4. Die Herdplatte nun höher schalten und die Eier anbraten, dabei gut umrühren.

○ Warm mit frischem Fladenbrot servieren.

Kuwait, Oman bzw. die Emirate, Saudi-Arabien und der Irak sind die bekanntesten Anbauländer für Datteln. Im Irak gibt es nach Aussagen der Einwohner 200 verschiedene Sorten Datteln – ich kenne leider nur 6 davon.
Gerade in diesen Ländern fängt der Morgen bereits mit dem Genuss von Datteln an – entweder mit dem oben genannten Gericht (geht auch ohne Ei) oder mit frischen Datteln.

Dicke Bohnen mit Koriander
Ful ma kusbarah

Jordanien

Für 2 Personen:
250 g grüne Dicke Bohnen
Olivenöl
2 Knoblauchzehen
5 Stängel Korianderblätter
Salz

1. Die grünen Dicken Bohnen mit einem Schuss Olivenöl in ca. 3 EL Wasser dünsten.
2. Den Knoblauch schälen, pressen und mit dünsten, bis die Bohnen gar sind.
3. Die Korianderblätter waschen und hacken und unter die Bohnen mischen.
4. Mit etwas Salz abschmecken und noch einmal gut umrühren.

Auberginen-Mus
Mtabal Badinjan

Syrien

Für 4 Personen:
2 große Auberginen
4 EL Sesammus
1 kleiner Becher Naturjoghurt
2 frische Zitronen
Kreuzkümmel
Salz
4 EL Olivenöl
frische Petersilie

1. Die Auberginen waschen und die Schale einritzen. Die ganzen Auberginen auf ein mit Alufolie bedecktes Backblech legen und im Backofen ohne Zugabe von Wasser oder Fett bei 200° C gar backen.
2. Auberginen abkühlen lassen, schälen oder mit einem Löffel das Fruchtfleisch herausholen. Auberginen mit Sesammus, Joghurt und Saft der Zitronen in eine Schüssel geben. Mit Kreuzkümmel würzen und alles mit einem Mixstab oder mit der Gabel zerdrücken und vermischen. Nochmals mit Salz und Kreuzkümmel abschmecken und auf einer tiefen Platte oder einem tiefen Teller anrichten.
3. Mit Olivenöl begießen und mit feingehackter Petersilie verzieren.

○ Dazu passt Fladenbrot, aber auch Pellkartoffeln schmecken gut dazu.

In Syrien wurde mir bei Bronchial-Katarrh Sesammus mit Honig empfohlen. Dazu wird 1 Teelöffel Sesammus mit 1 Teelöffel Honig vermischt. Langsam gegessen schmeckt es und hilft.

Kichererbsen-Mus
Homos

Syrien

Für 4 Personen:
300 g Kichererbsen
4 EL Sesammus
2 TL Zitronensaft
Salz
Kreuzkümmel
4 EL Olivenöl
2 Stängel Petersilie

1. Kichererbsen über Nacht einweichen und am nächsten Tag abgießen. In reichlich Wasser aufsetzen und etwa 1 Stunde gar kochen.
2. Kichererbsen mit Sesammus, Zitronensaft und etwas Salz und Kreuzkümmel im Mixer oder mit dem Passierstab fein pürieren. Mit Salz abschmecken.
3. Das Kichererbsenmus auf einen Teller geben. Mit dem Olivenöl übergießen und mit Petersilie verzieren.

○ Als Beilage Brot oder Kartoffeln dazu reichen.

Kreuzkümmel wird in der arabischen Welt als Mittel gegen Blähungen verwendet.
1 TL gemahlener Kreuzkümmel in einem Glas Wasser aufgelöst und getrunken wirkt bei Verdauungsstörungen Wunder.

Zucchini-Mus
Msahbaha Kusa

Syrien

Für 4 Personen:
500 g Zucchini
½ Tasse Sonnenblumenöl
4 EL Sesammus
1 kleiner Naturjoghurt
1 große Zitrone
Salz
2 Stängel Petersilie
4 Messerspitzen gemahlene rote Paprika
3 EL Olivenöl

1. Die gewaschenen Zucchini in ca. 1 cm dicke Scheiben schneiden. Sonnenblumenöl in eine Pfanne geben und die Zucchini darin goldbraun ausbacken. Das Öl nach dem Braten abtropfen lassen.
2. Zucchinischeiben mit einer Gabel zerdrücken oder mit einem Pürierstab grob pürieren – aber Vorsicht, nicht ganz fein passieren, das Zucchinimus soll noch etwas grob sein.
3. Sesammus, Joghurt, Saft der Zitrone und Salz zu den Zucchini geben und alles gut vermengen. Das Mus auf eine Platte mit Vertiefung geben und schön verteilen. Zur Verzierung um den Plattenrand Petersilienblätter legen.
4. Das Paprikapulver so darüber streuen, dass Linien wie bei einem Kuchen entstehen. Zum Schluss mit dem Olivenöl beträufeln.

Kartoffelbrei mit Sesam
Msahbaha Batata

Saudi-Arabien

Für 2 Personen:
350 g Kartoffeln
Salz, Pfeffer
6 EL Sesammus
2 EL Joghurt
Saft von 2 Zitronen
5 EL Olivenöl
frische Petersilie

1. Kartoffeln waschen und in der Schale gar kochen. Das Kochwasser abgießen und die Kartoffeln etwas abkühlen lassen.
2. Kartoffeln schälen und stampfen. Mit Salz und Pfeffer würzen.
3. Sesammus, Joghurt und Zitronensaft unter die Kartoffeln mischen. Das Kartoffel-Sesam-Mus auf einem flachen Teller oder einer Platte anrichten.
4. Zum Schluss Olivenöl darüber geben und alles mit der Petersilie verzieren.

○ Dazu Fladenbrot reichen.

Viele Speisen werden vor dem Kochen meist klein und mundgerecht geschnitten oder wie bei diesem Gericht fein püriert. So kann es mit kleinen Stücken Fladenbrot, die zu einem Schäufelchen gebogen werden, leicht gegessen werden.

Blumenkohl mit Sesam
Mtabal Sahra bi Sumsum

Syrien

Für 4 Personen:
400 g Blumenkohl (ein kleiner Kopf)
⅛ l Olivenöl
1 Knoblauchzehe
2½ EL Sesammus
4 EL Naturjoghurt
Saft einer Zitrone
Salz
Petersilienblätter

1. Blumenkohl putzen, waschen und in kleine Röschen schneiden. Die Röschen in Olivenöl gut braun anbraten. Den Blumenkohl herausnehmen und das Öl für später aufbewahren.
2. Den gebratenen Blumenkohl mit einem Mörser fein zerstoßen oder mit dem Rührstab sehr fein zerkleinern.
3. Knoblauch schälen und pressen. Blumenkohl, Sesammus, Knoblauch, Joghurt und den Zitronensaft in eine Schüssel geben und alles gut vermischen, mit Salz abschmecken.
4. Die ganze Masse auf einen flachen Teller oder auf eine Platte geben, schön verteilen und mit Petersilie verzieren.
5. Zum Schluss das Öl, mit dem der Blumenkohl gebraten wurde, durch ein Sieb gießen, um es von Blumenkohlresten zu befreien, und über das Mus verteilen.

Gebratene Aubergine
Lub Badinjan

Libanon

Für 2 Personen:
250 g Auberginen
5 EL Olivenöl
Salz
2 Stängel Petersilie
2 EL eines sauren Granatapfels

1. Mit einem Löffel das Fruchtfleisch der Auberginen aus der Schale nehmen und etwas klein schneiden.
2. Olivenöl in einer Pfanne erhitzen und die Auberginen darin langsam gar braten. Mit Salz würzen.
3. Petersilie waschen und fein hacken. Gebratene Auberginen auf eine Platte geben. Die gehackte Petersilie und den sauren Granatapfel über das Ganze streuen.

○ Fladenbrot dazu servieren.

Wussten Sie schon, wie man einen Granatapfel schält? Den Granatapfel in vier Teile schneiden; mit etwas Hartem, beispielsweise einem Löffel auf die Schalenseite klopfen, den Granatapfel dabei über einen Teller halten. Die roten Kerne fallen so leicht heraus.

Gebratene Zucchini
Lub Kusa

Libanon

Für 2 Personen:
*250 g Zucchini
5 EL Olivenöl
1 gepresste Knoblauchzehe
Salz
2 Stängel Petersilie*

1. Zucchini schälen, das Innere der Zucchini grob zerkleinern.
2. Olivenöl in einer Pfanne erhitzen und das Zucchinifruchtfleisch darin langsam gar braten. Knoblauchzehe schälen, pressen und zu den Zucchini geben. Alles gut vermengen und mit Salz abschmecken.
3. Zucchinimus auf einem tiefen Teller anrichten und mit der Petersilie verzieren.

O Als Beilage passt dazu Fladenbrot oder Reis.

Knoblauchzehen können auf verschiedene Arten zerkleinert werden. Mit einem Mörser wird der Knoblauch sehr fein zerrieben. Er kann aber auch durch eine Knoblauchpresse gedrückt oder mit dem Messerrücken fein zerdrückt werden. Je nach Rezept genügt es auch, den Knoblauch sehr fein zu hacken.

Käse-Schiffchen
Fatayer ma Jibneh

Syrien

Für 4 Personen:
500 g Weizenmehl, Type 1050
3 EL Rapsöl
200 g Magerquark
Salz
200 g Schafskäse
150 g Schmand oder saure Sahne
1 Ei
4 Stängel frische Korianderblätter

1. Weizenmehl in eine Schüssel geben. Öl, Quark, etwas Salz und etwas Wasser dazugeben und alles zu einem glatten Teig verkneten.
2. Schafskäse etwas zerbröckeln und mit dem Schmand, dem Ei und den fein gehackten Korianderblättern in eine Schüssel geben. Mit einer Gabel gut vermengen, den Käse dabei noch etwas zerdrücken. Sollte der Käse nur schwach gesalzen sein, so kann man je nach Geschmack etwas nachwürzen.
3. Aus dem Teig kleine Kugeln formen und mit dem Nudelholz zu kleinen Plätzchen ausrollen. Den Teig zu kleinen Schiffchen drücken und die Käsemasse hineingeben.
4. Die Schiffchen im vorgeheizten Ofen bei 250° C etwa 20 Minuten goldbraun backen.

Suppen
Schorba

Suppen gehören in der arabischen Küche nicht zu den klassischen Vorspeisen. Sie werden vor allem als schnelle und leichte Mahlzeiten geschätzt. Früher standen sie traditionell am »Waschtag« auf dem Mittagstisch.

Den bösen Geist aus dem Haus treiben

Eine Freundin von mir war mit ihrer arabischen Schwiegermutter in Damaskus auf einem Einkaufbummel, als ein Mann meine Freundin ständig beobachtete. Er schaute sie interessiert an und lief den beiden Frauen schließlich nach.
»Komm«, sagte ihre Schwiegermutter, »wir kaufen Bachur (Weihrauch)«.
Als sie Zuhause angekommen waren, zündete die alte Dame sofort den Weihrauch an und schwenkte den Behälter über dem Kopf ihrer Schwiegertochter.
Sie musste auch über den Weihrauch springen, dabei murmelte die alte Dame einige religiöse Worte.
Nach einer Weile fragte meine Freundin, für was dies denn gut sei: Die Schwiegermutter erklärte ihr, dass es Neid, Missgunst und den bösen Blick von ihr wenden würde.

In der Familie meiner Schwägerin ging in der letzten Zeit alles schief. Sogar die Ehe drohte daran zu scheitern.
Es ist im Islamischen Glauben üblich, dass man in solch einem Fall den Rat eines Immams einholt. Die Ehefrau des Immams sagte meiner Schwägerin, sie solle sich und ihre ganze Familie mit Portulak *(arabisch Baakle) waschen.*
Meine Schwägerin machte ein Sud aus Portulak und wusch die ganze Familie damit ab, natürlich ohne Zusatzmittel wie Seife usw. Mir wurde von meiner Schwägerin erklärt, dies treibe böse Geister aus, es werde Neid, Missgunst und Gier gebannt.
Ich stellte fest, dass nach einer gewissen Zeit alles in der Familie wieder im Lot war. War es nun die Waschung mit Portulak oder war es der Zufall? Wichtig ist, dass man an solche Sachen glaubt.

Rote Linsen-Suppe
Schorba Adas

Libanon

Für 4 Personen:
100 g Naturreis
½ l Gemüsebrühe
250 g rote Linsen
1 mittelgroße Zwiebel
1 Knoblauchzehe
2 EL Sonnenblumenöl oder Pflanzenmargarine
Salz
3 Stängel frische Korianderblätter
frisch gepresster Zitronensaft
Salz

1. Den Reis waschen, ca. ½ Stunde quellen lassen und absieben.
2. Reis in die Gemüsebrühe geben und einmal kurz aufkochen, dann bei niedriger Temperatur etwa 20 Minuten garen. Die roten Linsen waschen und weitere 20 Minuten mitkochen lassen. Bei Bedarf noch etwas Wasser hinzufügen.
3. Zwiebel und Knoblauch schälen, fein hacken und im Öl goldbraun anbraten. Die gedünsteten Zwiebeln in die Suppe geben. Mit etwas Salz abschmecken.
4. Wenn die Suppe zu dick ist, noch etwas Wasser zugeben.
5. Die Korianderblätter fein hacken, zur Suppe geben und alles kurz durchziehen lassen.
6. Mit einigen Tropfen Zitronensaft verfeinern und die Suppe im Teller servieren.

Die libanesische Küche ist bekannt für ihre »Mezze«, Vorspeisen. Die Libanesen haben es darin zu einer wahren Meisterschaft gebracht. Diese Suppe wird im Libanon als Vorspeise, aber auch als Hauptgericht serviert.

Tomaten-Suppe
Schorba Banadora

Syrien

Für 4 Personen:
1 kleine Dose geschälte Tomaten
¾ l Wasser
1 TL Osfor (Safran-Ersatz)
60 g Suppen-Nudeln
2 Stängel Petersilie
Salz und schwarzer Pfeffer
Zitronensaft

1. Die geschälten Tomaten mit einer Gabel zerdrücken. Tomaten in einen Topf geben, das Wasser über die Tomaten gießen und zum Kochen bringen.
2. Osfor und die Suppen-Nudeln dazugeben und die Nudeln gar kochen.
3. Petersilie waschen, fein hacken und in die fertige Suppe geben. Nach Bedarf mit Salz und Pfeffer abschmecken.
4. Die Suppe auf die Teller verteilen, dabei (je nach Geschmack) in jeden Teller einige Tropfen Zitrone geben.

Wir waren mit meiner kleinen Nichte in Homs, einer kleinen Stadt in Syrien zum Essen eingeladen. Vor dem Essen war es meiner Nichte übel. Der kleine Sohn des Hauses nahm sie bei der Hand und ging mit ihr in den Garten. Ich lief den beiden nach.
Der Junge ging zu einem Zitronen-Baum, pflückte eine Frucht, nahm sein Taschenmesser aus der Tasche und halbierte sie. »Nun beiße tüchtig in die Zitrone« sagte er zu ihr.
Ich lief ins Haus zurück und erzählte es der Mutter des Jungen. Sie erklärte mir, Zitronen seien gut gegen Übelkeit. Man könne aber auch den Finger anlecken, in Salz tupfen und daran lutschen.
Der Kleinen ging es nach etwa einer halben Stunde wieder besser.

Reis-Suppe
Schorba Ruz

Jordanien

Für 2 Personen:
100 g Naturreis
1 Karotte
1 kleine Zwiebel
2 EL Rapsöl
Salz
2 TL Osfor (Safran-Ersatz)
¾ l Wasser
3 Stängel Korianderblätter

1. Den Reis waschen, 1 Stunde in warmem Wasser einweichen lassen und danach absieben.
2. Karotte putzen, waschen und raspeln.
3. Die Zwiebel schälen, fein würfeln und in Rapsöl goldbraun ausbraten.
4. Die gebratene Zwiebel mit etwas Salz und Osfor in einen Topf geben. Reis und ¾ l Wasser hinzufügen. Alles gut vermischen und das Ganze etwa 20 Minuten bei mittlerer Hitze kochen lassen. Zwischendurch gelegentlich umrühren. Karotte nun ebenfalls zur Suppe geben und weitere 20 Minuten garen.
5. Korianderblätter waschen, fein hacken und in die Suppe geben. Alles mit Salz abschmecken und vor dem Servieren noch einmal kurz aufkochen lassen.

Spinat-Suppe
Schorba Muluchiya

Ägypten

Für 2 Personen:
100 g getrocknete Muluchiya
Salz
¼ l Wasser
1 kleine Zwiebel
1 kleine Knoblauchzehe
2 EL Raps- oder Sonnenblumenöl

1. Die getrocknete Muluchiya gut waschen, da sie oft sehr staubig ist. Über einem Sieb abtropfen lassen.
2. ¼ l Wasser und etwas Salz in einen Topf geben und die Muluchiya darin etwa 30 Minuten kochen. Sollte das Wasser ganz verkocht sein, so gibt man noch ca. ⅛ l Wasser hinzu.
3. Die fertige Suppe mit dem Mixer oder einem Pürierstab schön fein pürieren.
4. Zwiebel schälen, fein hacken. Knoblauchzehe pressen. Öl in einer Pfanne erhitzen, Zwiebel und Knoblauch darin goldbraun ausbraten.
5. Die gebratene Zwiebel über die Suppe geben. Noch einmal aufkochen lassen. Nach Bedarf mit etwas Salz abschmecken.

Muluchiya ist ein spinatähnliches Gemüse, das hier in arabischen Gemüseläden in getrockneter Form erhältlich ist. Wenn Sie dieses Gemüse nicht bekommen, können Sie statt dessen auch Spinat oder Mangold verwenden. Die Suppe erhält damit zwar einen etwas anderen Charakter, schmeckt aber ebenfalls ausgezeichnet.

Sago-Suppe
Schorba Sago

Marokko

Für 2 Personen:
1 mittelgroße Karotte
½ l Wasser
1 TL Osfor (Safran-Ersatz)
Salz
70 g Sago
2 Stängel Petersilie

1. Karotte putzen und grob raspeln.
2. Das Wasser mit dem Osfor und der geraspelten Karotten in einen Topf geben. Kurz kochen lassen, bis die Karotte zur Hälfte gar ist.
3. Etwas Salz und den Sago dazugeben. Alles nochmals ca. 15 Minuten köcheln lassen. Ab und zu umrühren.
4. Petersilie waschen, fein hacken und in die Suppe geben.
5. Mit Salz abschmecken und noch einmal aufkochen lassen.
6. Auf zwei Teller verteilen und servieren.

Tomaten-Karotten-Suppe   Libanon
Schorba Banadora wa Jesar

Für 4 Personen:
200 g Karotten
200 g Tomaten
2 Knoblauchzehen
1 mittlere Zwiebel
3 EL Olivenöl
Salz
¾ l Gemüsebrühe
Pfeffer
1 Schalotte
3 Stängel Korianderblätter

1. Karotten putzen, waschen und in kleine Würfel schneiden. Tomaten kreuzweise einschneiden, mit heißem Wasser überbrühen und häuten. Anschließend in Würfel schneiden.
2. Knoblauch und die Zwiebel schälen, fein hacken und in 2 EL Olivenöl anbraten. Die Karotten zu den Zwiebeln geben und ebenfalls bei schwacher Hitze mit anbraten.
3. Tomaten, Karotten, Zwiebel, Knoblauch und etwas Salz in einen Topf geben und mit der Gemüsebrühe übergießen. Das Gemüse in der Brühe garen.
4. Das Gemüse anschließend mit einem Kartoffelstampfer fein stampfen oder mit einem Pürierstab grob pürieren. Die Suppe mit Salz und Pfeffer abschmecken.
5. Schalotte schälen und in Ringe schneiden. Im restlichen Öl anbraten.
6. Korianderblätter waschen und fein hacken. Die Suppe auf die Teller verteilen, die gebräunte Schalotte und die Korianderblätter darüber geben.

○ Zu der Suppe können Sie Fladenbrot reichen.

Zucchini-Suppe
Schorba Kusa

Libanon

Für 2 – 3 Personen:
4 mittelgroße Zucchini
¼ l Gemüsebrühe
Salz
2 EL cremiger Naturjoghurt

1. Zucchini waschen, schälen, in größere Stücke schneiden und in etwas Salzwasser gar kochen. Gemüsebrühe dazugeben und die Suppe noch einmal aufkochen lassen.
2. Die Suppe mit dem Pürierstab pürieren oder durch eine »Flotte Lotte« (Passier-Sieb) geben.
3. Nach Bedarf mit Salz abschmecken.
4. Suppe auf Teller verteilen und jeweils mit einem Häubchen Joghurt verzieren.

Brennnessel-Suppe
Schorba Warak Al Erres

Ägypten

Für 4 Personen:
1 große Zwiebel
100 g Lauch
100 g Champignons
60 g Pflanzenmargarine
300 g frische, junge Brennnessel
1 l Gemüsebrühe
1 EL Stärkemehl
einige Spritzer Sojasauce
Salz
2 Scheiben altbackenes Vollkornbrot oder Fladenbrot
½ Bund Schnittlauch

1. Zwiebel schälen und würfeln. Lauch putzen, waschen und in Streifen schneiden. Champignons putzen und in feine Scheiben schneiden.
2. Zwiebeln, Lauch und Champignons in etwas Pflanzenmargarine dünsten.
3. Brennnesseln waschen, Stiel entfernen und die Brennnesselblätter in die Gemüsebrühe geben. Die Suppe aufkochen und Lauch, Champignons und Zwiebeln dazugeben und alles noch einmal bei niedriger Temperatur 30 Minuten köcheln lassen.
4. Das Stärkemehl mit etwas Gemüsebrühe anrühren und unter die Suppe ziehen. Suppe noch einmal kurz aufkochen lassen und dann nach Geschmack mit etwas Sojasauce abrunden und mit Salz abschmecken.
5. Brot in Würfel schneiden und in der restlichen Margarine anrösten. Schnittlauch waschen und in feine Röllchen schneiden.
6. Die Suppe in Suppentassen oder Teller verteilen. Brotwürfel kurz vor dem Servieren darüber geben und die Suppe mit dem Schnittlauch garnieren.

Bauern-Suppe
Schorba Felachi

Jemen

Für 4 Personen:
200 g Linsen
Salz
2 Zwiebeln
1 Knoblauchzehe
2 EL Olivenöl
300 g Fladenbrot
4 EL Pflanzenmargarine
1 l Gemüsebrühe
Pfeffer
5 Stängel frische Korianderblätter

1. Linsen waschen und in reichlich Wasser gar kochen. Kurz vor Ende der Garzeit etwas Salz hinzufügen.
2. Zwiebeln schälen, fein hacken und zusammen mit dem gepressten Knoblauch in 2 EL Öl goldbraun anbraten.
3. Fladenbrot in 2 cm große Stücke schneiden und in der Margarine goldbraun anrösten.
4. Die Linsen abgießen und mit Brot, Zwiebeln und dem Knoblauch in einem großen Topf gut vermischen.
5. Die heiße Gemüsebrühe über das Ganze gießen und mit Salz und Pfeffer abschmecken.
6. Das Koriandergrün waschen, fein schneiden und zuletzt über die Suppe streuen.

Reis-Spinat-Suppe
Schorba Sabanech ma Ruz

Libanon

Für 4 Personen:
100 g Rundkornreis
400 g Blattspinat, frisch oder tiefgefroren
1 große Gemüsezwiebel
4 EL Sonnenblumenöl
2 Knoblauchzehen
1 l Gemüsebrühe
70 g Pinienkerne
Salz
200 g Naturjoghurt
½ saurer Granatapfel

1. Rundkornreis waschen und ca. ½ Stunde in warmem Wasser einweichen.
2. Den frischen Spinat einige Male waschen, die großen Stiele entfernen (gefrorenen Spinat auftauen lassen) und grob schneiden.
3. Zwiebel schälen, hacken und in 3 EL Öl glasig dünsten.
4. Reis im Sieb abtropfen lassen und in einen Topf geben. Zwiebel und den gepressten Knoblauch hinzufügen, mit der Gemüsebrühe aufgießen und alles gut vermischen. Das Ganze etwa 20 Minuten bei kleiner Hitze köcheln lassen, ab und zu umrühren. Spinatblätter hinzufügen und alles zusammen weitere 20 Minuten garen lassen.
5. Pinienkerne im restlichen Öl goldbraun anbraten.
6. Die Suppe vom Herd nehmen und mit Salz abschmecken. Joghurt unter die Suppe rühren und die Spinatsuppe auf Tellern portionsweise anrichten.
7. Granatapfel in vier Teile schneiden und mit dem Messerrücken die Kerne herausklopfen. Die Kerne über die Suppe geben. Pinienkerne ebenfalls über die Suppe streuen.

Salate
Salata

Salate werden in den arabischen Ländern viel und gerne gegessen. Sonnengereiftes Gemüse und frische Kräuter bilden die Basis der wohlschmeckenden Gerichte. Olivenöl, Zitronensaft und Joghurt sind klassische Zutaten für das Dressing. Kombiniert mit Burghul, Linsen oder Fladenbrot wird aus dem Salat schon fast eine sättigende kleine Mahlzeit.

Burghul-Salat
Tabuleh

Syrien

Für 4 Personen:
250 g feiner Burghul
2 Zwiebeln
2 Bund Petersilie
½ Bund Minze
2 große Tomaten
5 EL Olivenöl
Saft einer Zitrone
schwarzer Pfeffer, frisch gemahlen
Salz
1 Römersalat

1. Den Burghul 30 Minuten in reichlich Wasser einweichen und quellen lassen, durch ein Sieb abtropfen und anschließend auf einem Tuch trocknen lassen.
2. Die Zwiebeln fein hacken und mit dem Burghul mischen.
3. Petersilie und Minze fein hacken. Die Tomaten mit dem Messer kreuzweise einschneiden, mit heißem Wasser überbrühen, häuten und in kleine Würfel schneiden. Tomatenwürfel zusammen mit den Kräutern zum Burghul geben.
4. Das Olivenöl mit 2 EL Zitronensaft mischen, mit Pfeffer und Salz würzen und über den Salat gießen. Alles 1 Stunde kalt stellen.
5. Den Römersalat putzen und waschen, die einzelnen Blätter in einer Salatschüssel auslegen und das Tabuleh darauf anrichten.
6. Den restlichen Zitronensaft mit Pfeffer und Salz würzen und getrennt dazu reichen.

Von den Gastgebern wurde mir nach einem Essen erzählt, dass Minze gut gegen Kopfschmerzen sei und auf jeden Fall schlechte Laune vertreibe. Petersilie soll bei regelmäßigem Verzehr den Blutdruck steigern.

Auberginen-Salat
Salata Badinjan

Tunesien

Für 4 Personen:
2 Auberginen (etwa 300 g)
Salz
4 hartgekochte Eier
2 EL saure Sahne
4 EL Naturjoghurt
2 TL Senf
1 TL Zitronensaft
1 Prise Roh-Rohrzucker
Pfeffer
2 Stängel frische Korianderblätter
2 Stängel frische Petersilie

1. Auberginen waschen und trocknen lassen. Stängelansatz abschneiden. In ca. 1 cm dicke Scheiben schneiden und etwas salzen. Die Auberginen auf ein Tuch oder ein Stück Küchenrolle legen und das Salz 30 Minuten einziehen lassen.
2. Auberginenscheiben in einen Topf mit wenig Wasser geben und etwa 5 Minuten dünsten lassen, über einem Sieb abtropfen lassen.
3. Die hartgekochten Eier in Scheiben schneiden und davon einige Scheiben zum Garnieren zur Seite legen.
4. Saure Sahne und Joghurt mit dem Senf gut verrühren und den Zitronensaft hinzufügen. Mit einer Prise Roh-Rohrzucker, Salz und schwarzem Pfeffer abschmecken. Das Salatdressing über die Auberginen und die Eier geben und vorsichtig vermischen.
5. Vor dem Servieren den Salat mit Eierscheiben, Korianderblättern und Petersilie verzieren.

Blumenkohl-Karotten-Salat
Salata Sahra ma Jesar

Marokko

Für 4 Personen:
1 kleiner Blumenkohl
200 g Brokkoli
100 g Karotten
100 g geschälte Tomaten
1 Zehe Knoblauch
Saft einer ½ Zitrone
2 EL Olivenöl
1 kleiner Becher Naturjoghurt
Salz und Pfeffer
2 Stängel Korianderblätter

1. Den Blumenkohl und den Brokkoli putzen, waschen und in kleine Stücke teilen. Blumenkohl in ½ l Salzwasser ca. 15 Minuten kochen und dann absieben. Die Brühe vom Blumenkohl aufheben. Den Brokkoli in die Brühe geben und ca. 7 Minuten kochen lassen.
2. Karotten putzen, in kleine Würfel schneiden und waschen. Brokkoli aus der Brühe nehmen. Nun die Karotten in die Brühe geben und gar kochen.
3. Tomaten in Streifen schneiden, die Kerne und das weiche Fruchtfleisch vorher entfernen. Karotten aus der Brühe nehmen, Flüssigkeit aufbewahren (siehe Tipp).
4. Blumenkohl, Brokkoli, Karotten und Tomatenstreifen in eine Schüssel geben. Den gepressten Knoblauch, Zitronensaft, Olivenöl und den Naturjoghurt dazugeben.
5. Alles gut vermischen und mit Salz und Pfeffer abschmecken. Die fein gehackten Korianderblätter über den Salat streuen. Den Salat vor dem Servieren etwas durchziehen lassen.

○ Die Gemüsebrühe wird in arabischen Ländern gerne als heißes Getränk mit Zitrone gereicht.

Portulak-Salat
Bakle Fatusch

Syrien

Für 2 Personen:
150 g Tomaten
100 g Salatgurke
50 g Portulak
30 g frische Minze
4 Stängel Petersilie
3 Blatt Römersalat
150 g Vollkornfladenbrot
⅛ l Olivenöl
2 Knoblauchzehen, gepresst
Salz
Saft einer Zitrone
15 schwarze, entkernte Oliven

1. Tomaten und Salatgurke waschen und in kleine Würfel schneiden.
2. Portulak, Minze, Petersilie und Römersalat ebenfalls waschen und klein schneiden.
3. Das Fladenbrot in ca. 3 cm große Stücke reißen.
4. Einen Teil des Olivenöls in eine Pfanne geben und den gepressten Knoblauch und das Brot darin goldbraun ausbraten.
5. Gemüse, Kräuter und Brotstücke in eine Schüssel geben und den Rest des Olivenöls darüber gießen. Alles gut vermischen. Nach Geschmack mit etwas Salz abschmecken.
6. Den Salat mit Zitronensaft beträufeln und mit den Oliven garnieren.

Hat ein Kind Schluckauf, so wurde mir gesagt, es solle stark an einem frischen Brot riechen, dabei kurz die Luft anhalten und schon sei der Schluckauf weg.

Eier-Kartoffel-Salat
Salata Beid ma Batata

Syrien

Für 2 Personen:
2 Eier
2 große Kartoffeln
1 mittelgroße Zwiebel
4 Stängel Petersilie
2 Prisen Sumach
1½ EL Olivenöl
Salz und weißer Pfeffer

1. Eier hart kochen, schälen und in Scheiben schneiden (geht am besten mit einem Eierschneider).
2. Die Kartoffeln mit der Pelle kochen. Abkühlen lassen, schälen und in große Würfel schneiden.
3. Zwiebel fein würfeln. Petersilie waschen und fein hacken.
4. Kartoffeln und Eier zusammen mit den Zwiebeln und der Petersilie in eine Schüssel geben. Sumach und Olivenöl hinzufügen und alles gut vermischen.
5. Mit Salz und Pfeffer abschmecken.

Pellkartoffeln in ein Leinensäckchen geben, gut zubinden und die Kartoffeln im Säckchen etwas zerdrücken. Hilft bei Leibschmerzen, besonders bei Unterleibschmerzen und Nierenerkrankungen.

Paprika-Joghurt-Salat
Salata Al Fuleifulah

Für 2 Personen:
150 g rote, grüne oder gelbe Paprika
3 EL Olivenöl
200 g Naturjoghurt
1 Knoblauchzehe, fein gepresst
Salz

1. Paprika putzen, waschen und in 3 cm große Würfel schneiden.
2. Olivenöl in eine Pfanne geben und die Paprika gut ausbraten (sie soll gar sein).
3. Naturjoghurt in eine Schüssel geben, den Knoblauch hinzufügen und die gebratene Paprika mit dem Olivenöl noch warm untermischen.
4. Den Salat mit etwas Salz abschmecken und sofort servieren.

Arabischer Kartoffel-Salat
Salata Batata

Syrien

Für 2 Personen:
300 g Kartoffeln
½ EL getrockneter Koriander
1 Zwiebel
3 Stängel Petersilie
3 EL Olivenöl
2 EL naturtrüber Essig
1 EL frisch gepresster Zitronensaft
1½ Knoblauchzehen, gepresst
Salz und Pfeffer

1. Kartoffeln in der Pelle gar kochen, schälen und in 2 cm große Würfel schneiden.
2. Den getrockneten Koriander mit dem Mörser zerstampfen.
3. Die Zwiebel fein schneiden mit der gehackten Petersilie zu den Kartoffeln geben.
4. Olivenöl, Essig, Zitronensaft und den gepressten Knoblauch mit etwas Salz und Koriander in eine Schüssel geben und zu einer Salatsauce anrühren.
5. Die Sauce über die Kartoffeln gießen und alles gut vermischen.
6. Mit Salz und Pfeffer abschmecken.

Bauern-Salat
Salata Baladi

Ägypten

Für 4 Personen:
5 große Tomaten
1 rote, 1 gelbe Paprika
1 Gemüsezwiebel
5 Stängel Petersilie
2 EL Olivenöl
200 g Schafskäse
1 Zitrone
Salz
15 schwarze, entkernte Oliven

1. Tomaten waschen und in dünne Scheiben schneiden. Paprika putzen, waschen und in feine Streifen schneiden. Gemüsezwiebel schälen und in dünne Ringe schneiden. Petersilienblätter abzupfen.
2. Tomaten, Paprika und Zwiebelringe und Petersilie in eine Schüssel geben, mit dem Olivenöl vermischen.
3. Den Schafskäse mit der Hand fein zerkrümeln und dem Salat hinzufügen.
4. Die Zitrone schälen, in kleine Stücke schneiden und zum Salat geben. Alles gut vermischen.
5. Nur bei Bedarf mit Salz abschmecken, denn der Schafskäse ist meist gut gesalzen.
6. Den fertigen Salat mit den Oliven verzieren.

Kartoffel-Linsen-Salat
Salata Batata ma Adas

Syrien

Für 4 Personen:
200 g Kartoffeln
150 g Rote Linsen
300 ml Gemüsebrühe
150 g Kürbis
150 g Lauch
100 g Möhren
4 EL Rapsöl

1 Zwiebel
2 EL Apfelessig
Salz und Pfeffer
100 g Römersalat
4 Stängel Petersilie
Salz und Pfeffer
Saft einer ½ Zitrone

1. Kartoffeln mit Schale waschen und nicht zu weich kochen, pellen und in Scheiben schneiden.
2. Die Linsen einige Male mit warmem Wasser waschen und absieben. Dann in einen Topf mit ca. ¼ l Gemüsebrühe ca. 10 – 15 Minuten kochen lassen (die Linsen sollten noch Biss haben). Anschließend die Linsen über einem Sieb abtropfen lassen.
3. Kürbis, Lauch und Möhren putzen, waschen, schälen. Lauch und Möhren in Scheiben schneiden. Kürbis in 2 cm große Würfel schneiden. 2 EL Öl in eine Pfanne geben und erhitzen. Das Gemüse darin kurz andünsten, ab und zu umrühren.
4. Die Zwiebel fein hacken. Aus dem Essig, der restlichen Gemüsebrühe und dem restlichen Öl ein Dressing zubereiten, die gehackte Zwiebel hinzufügen, mit Salz und Pfeffer abschmecken. Die Kartoffeln mit dem Gemüse und den Linsen vermengen und mit der Salatsauce gut vermischen. Den Salat etwa 45 Minuten ziehen lassen.
5. Die Salatblätter einzeln abzupfen, waschen und etwas trocknen lassen. Danach die Blätter auf einer Platte schön verteilen und den Salat darauf geben.
6. Die gewaschene und fein geschnittene Petersilie über den Salat streuen und alles mit dem Saft der Zitrone beträufeln.

Griechischer Salat
Salata Yunani

Libanon

Für 4 Personen:
200 g Salatgurke
5 große Eiertomaten (ca. 350 g)
1 kleine Salatzwiebel
60 g schwarze und grüne, entkernte Oliven
150 g Schafskäse
4 Stängel Petersilie
1 Röhrchen Kapern (ca. 20 – 25 Stück)
¼ l Olivenöl
Saft einer ½ Zitrone
Salz
1 EL Kräuteressig

1. Salatgurke und Tomaten waschen und in Scheiben schneiden. Jeweils 1 Gurkenscheibe und 1 Tomatenscheibe im Wechsel auf einer Platte dekorieren.
2. Zwiebeln und Oliven in feine Ringe schneiden, ebenfalls schön verteilen.
3. Schafskäse mit der Gabel zerdrücken und gleichmäßig über das Ganze geben. Petersilie waschen und fein hacken. Kapern und Petersilie über den Salat streuen – vorsichtig und nach Geschmack verteilen.
4. Zum Schluss Olivenöl, Zitronensaft, etwas Salz und den Kräuteressig vermischen und gleichmäßig über den Salat gießen.
5. Den Salat vor dem Servieren ca. 5 Minuten ziehen lassen.

○ Dazu Fladenbrot servieren.

Türkischer Salat
Salata min Turkia

Jordanien

Für 4 Personen:
500 g Naturjoghurt
1 Knoblauchzehe, gepresst
Salz
je ½ grüne, rote und gelbe Paprika
4 EL Olivenöl
2 Stängel Dill oder Minze

1. Naturjoghurt in eine Schüssel geben und den gepressten Knoblauch darunter mischen. Mit etwas Salz abschmecken.
2. Paprika waschen, abtrocknen und von Kernen und Stielen befreien. Die Paprika in ½ cm dicke Streifen schneiden und danach in Olivenöl gar dünsten (nicht zu dunkel werden lassen).
3. Danach die Paprikastreifen mit dem Öl über den Naturjoghurt geben.
4. Minze oder Dill fein schneiden und über den Salat streuen. Den Salat noch einmal gut vermischen.

Arabische Hausfrauen machen Joghurt meist noch selbst, besonders im Sommer. Ein Rezept dazu finden Sie auf der Seite 152.
Natürlich gibt es den Naturjoghurt (»Laban« oder »Sabadi«) in den arabischen Ländern aber auch in jedem Lebensmittelgeschäft, meist als Liter-Ware, fertig zu kaufen.

Damaskus-Salat
Salata Schami

Syrien

Für 4 Personen:
2 große, gelbe Paprika
250 g Salatgurke
125 g kleine, grüne Tomaten
250 g rote, feste Tomaten
2 große Salatzwiebeln
250 g Weißkohl
5 EL Kräuteressig
6 EL Olivenöl
½ TL scharfer rotes Paprikapulver
1 TL getrockneter Dill
½ TL Kümmel, ganz
Salz
1 Bund frische Korianderblätter
100 g entkernte, schwarze Oliven (zum Verzieren)

1. Paprika, Salatgurke und Tomaten putzen, waschen und in Würfel schneiden. Salatzwiebeln schälen und ganz fein würfeln.
2. Weißkohl in größere Würfel schneiden und in Salzwasser 5 – 7 Minuten kochen lassen. Danach absieben und mit Paprika, Tomaten und Gurken vermischen.
3. Aus Essig, Olivenöl und den Gewürzen ein Salatdressing zubereiten und das Gemüse damit vermischen.
4. Die Korianderblätter waschen, fein hacken und unter den Salat mischen.
5. Den Salat zum Schluss mit den Oliven verzieren und 15 Minuten ziehen lassen.

Türkischer Bohnen-Salat
Salata Turki

Syrien

Für 4 Personen:
400 g Prinzessbohnen
2 Zwiebeln
3 Knoblauchzehen
4 EL Olivenöl
2 Karotten
½ l Gemüsebrühe
Salz

5 Tomaten
1 rote, 1 grüne Paprika
2 Zucchini (ca. 250 g)
4 TL Tomatenmark
Pfeffer
1 EL Zitronensaft
1 EL Apfelessig
1 Bund Petersilie

1. Die Bohnen putzen und in einem Topf mit Salzwasser ca. 15 Minuten kochen lassen. Anschließend über einem Sieb abtropfen lassen.
2. Zwiebeln und Knoblauch schälen und in kleine Würfel schneiden. 2 EL Öl in einer großen Pfanne erhitzen und Zwiebeln und Knoblauch darin glasig dünsten.
3. Karotten schälen, waschen, in dünne Scheiben schneiden und zu den Zwiebeln geben. Mit ¼ l Gemüsebrühe ablöschen, etwas Salz hinzufügen und das Ganze 5 Minuten kochen lassen.
4. Tomaten kreuzweise einschneiden, mit heißem Wasser überbrühen. Die Haut entfernen und die Stängelenden herausschneiden.
5. Paprika und Zucchini waschen, putzen und würfeln. Tomaten, Paprika und Zucchini zu den Karotten und Zwiebeln geben. Tomatenmark mit der restlichen Gemüsebrühe vermengen, zu dem Gemüse geben und alles noch einmal 6 Minuten weiter garen. Mit etwas Pfeffer abschmecken.
6. Den Topf vom Herd nehmen. Bohnen, Zitronensaft, Apfelessig und restliches Öl dazu geben und alles gut vermengen. Die Petersilie waschen, trocken schütteln und fein hacken. Vor dem Servieren die Petersilie über den Salat streuen.

Gemüsegerichte
Khodra

Gemüse, allen voran Tomaten und Auberginen, spielen in der arabischen Küche eine Hauptrolle. Vollausgereift geben sie den Speisen ihr unnachahmliches Aroma. Kein Wunder, dass schon beim Einkauf viel Wert auf die Qualität der Zutaten gelegt wird. Frische Kräuter und typische Gewürze wie Kreuzkümmel oder Kardamom sorgen zusätzlich für den besonderen Geschmack der Speisen.

Gemischtes Gemüse aus dem Ofen
Mnessele Bsarah

Syrien

Für 4 Personen:
1 kleiner Blumenkohl
1 große Aubergine
2 mittlere Zucchini
3 mittlere Kartoffeln
Olivenöl zum Braten
Salz und Pfeffer
3 Stängel frische Korianderblätter
Saft von ½ Zitrone

1. Blumenkohl putzen, waschen und in Salzwasser kurz aufkochen lassen. Anschließend mit einem Schaumlöffel herausnehmen, gut abtropfen lassen und danach in Röschen teilen.
2. Aubergine schälen und in 1 cm dicke Scheiben schneiden. Zucchini und Kartoffeln waschen, Kartoffeln schälen und beides in 1 cm dicke Scheiben schneiden, gut abtropfen lassen.
3. Blumenkohl, Aubergine, Zucchini und Kartoffeln getrennt in Olivenöl goldbraun braten. Mit Salz und Pfeffer würzen.
4. Das Gemüse in eine feuerfeste Form geben. Korianderblätter fein hacken und darüber streuen. Im Backofen bei 200° C nochmals 20 Minuten wärmen.
5. Kurz vor dem Servieren mit Zitronensaft beträufeln.

○ Fladenbrot dazu servieren und die Mahlzeit ist komplett.

Auberginen-Pilz-Topf
Mnessele Badinjan

Syrien

Für 4 Personen:
3 mittelgroße Auberginen
Salz
½ Tasse Olivenöl
200 g frische Tomaten (oder 1 kleine Dose geschälte)
1 große Zwiebel
1 Knoblauchzehe
250 g Champignons
1 EL Tomatenmark
Pfeffer
100 g Pinienkerne

1. Auberginen waschen, abtrocknen und in 1½ cm dicke Scheiben schneiden. Die Auberginenscheiben auf ein Stück Küchenkrepppapier legen und von beiden Seiten salzen, etwas liegen lassen. Flüssigkeit abtupfen und die Auberginen in Olivenöl braun rösten und anschließend in eine gefettete, feuerfeste Form legen.
2. Tomaten kreuzweise einschneiden, mit heißem Wasser überbrühen. Anschließend die Haut abziehen und die Tomaten würfeln.
3. Zwiebel schälen und in kleine Würfel schneiden. Knoblauchzehe zerdrücken. Beides in etwas Öl goldbraun rösten. Champignons putzen, würfeln und separat in Öl in einer großen Pfanne dünsten. Zwiebel, Knoblauch, Tomaten und 1 EL Tomatenmark zu den Pilzen geben und gut vermischen.
4. Etwa ½ Tasse Wasser in die Tomaten-Champignonsauce einrühren. Alles 10 Minuten köcheln lassen bis die Sauce etwas andickt. Mit Salz und Pfeffer abschmecken. Champignons mit einem Schaumlöffel aus dem Topf nehmen, auf den Auberginen verteilen, die Sauce in die Form um die Auberginen gießen.
5. Pinienkerne über die Auberginen streuen und das Gemüse im vorgeheizten Ofen bei 220° C ca. 15 – 20 Minuten überbacken.

○ Vollkornreis oder Kartoffeln passen gut dazu.

Kräuter-Kartoffeln
Mfarake Batata

Syrien

Für 4 Personen:
4 mittelgroße Kartoffeln
4 Stängel frische Korianderblätter oder Petersilie
2 kleine Zwiebeln
1 kleine Knoblauchzehe
200 g Steinpilze
2 EL Olivenöl
¼ l Gemüsebrühe

1. Kartoffeln schälen, in 2 cm große Würfel schneiden und in Salzwasser etwa 3 Minuten blanchieren.
2. Korianderblätter waschen und fein hacken. Zwiebeln und Knoblauch schälen und in kleine Würfel schneiden.
3. Die Steinpilze putzen und grob würfeln. Pilze, Zwiebeln und Knoblauch in Olivenöl weich dünsten.
4. Die vorgegarten Kartoffeln mit den Pilzen in einem Topf vermischen. Die Gemüsebrühe dazu geben und nochmals ca. 10 Minuten köcheln lassen. Nicht mehr umrühren!
5. Das Koriandergrün unter die Kartoffeln mischen und noch einmal kurz mitkochen lassen.

Meine Schwiegermutter gab mir den Tipp, bei Sonnenbrand Olivenöl mit einigen Tropfen Zitronensaft aufzutragen.

Kartoffeln mit Tomaten
Batates bi Tamatem

Ägypten

Für 4 Personen:
4 mittelgroße Tomaten
3 große Kartoffeln
4 kleine Zucchini
1 mittelgroße Zwiebel
1 EL Sonnenblumenöl
Margarine für die Form
½ Knoblauchzehe
Salz und Pfeffer

1. Tomaten kreuzweise einschneiden, mit heißem Wasser übergießen, häuten und in Scheiben schneiden. Kartoffeln schälen, waschen und in Scheiben schneiden. Zucchini waschen, putzen ebenfalls in Scheiben schneiden.
2. Die Zwiebel schälen, würfeln und in Öl goldbraun anbraten. Eine feuerfeste Form mit Margarine ausfetten. Knoblauch pressen und in der Form verteilen.
3. Kartoffeln und Zucchini kurz blanchieren und abtropfen lassen. Schichtweise Tomaten, Kartoffeln und Zucchini in die Form geben. Zwischen die Schichten die gebratenen Zwiebeln streuen.
4. Das Gemüse mit Salz und Pfeffer würzen. Eine ¼ Tasse Wasser darüber gießen und im vorgeheizten Ofen ca. 15 – 20 Minuten bei mittlerer Hitze überbacken.

○ Dazu passen eingemachte Dillgurken.

Die Ägypter sind unter den Arabern das, was in Europa die Italiener sind. Sie singen gerne – auch ihre Sprache klingt wie Musik.

Gefüllte Paprika
Fuleifulah bedun Lahme

Tunesien

Für 4 Personen:
je 3 rote und grüne Paprika
1 große Zwiebel
250 g frische Champignons
4 Stängel Petersilie
150 g Pistazienkerne
1 Knoblauchzehe
4 EL Sonnenblumenöl
4 Brötchen vom Vortag (Vollkorn)
Salz und Pfeffer
½ Tasse Gemüsebrühe

1. Paprika waschen, den Deckel abschneiden, entkernen und aushöhlen. Anschließend die Paprika blanchieren.
2. Zwiebel schälen und fein würfeln. Champignons putzen und ebenfalls würfeln. Petersilie waschen und fein hacken.
3. Pistazienkerne fein hacken und zusammen mit dem gepressten Knoblauch und der Petersilie in heißem Öl anbräunen. Champignons und Zwiebeln dazugeben und mit andünsten.
4. Die Brötchen in lauwarmem Wasser einweichen, ausdrücken und unter die Champignonmasse mischen. Die Füllung mit Salz und Pfeffer abschmecken und die vorbereiteten Paprikaschoten zur Hälfte damit füllen. Die Deckel wieder aufsetzen.
5. Eine feuerfeste Form mit Öl ausstreichen und die Paprika hineinsetzen. Mit Gemüsebrühe angießen und im Ofen bei mittlerer Hitze ca. 20 – 25 Minuten garen. Die Paprikaschoten mit Petersilie garnieren.

In »normalen« arabischen Familien wird selten mit Gabel und Messer gegessen. Meist dienen Löffel und Gabeln als Besteck. In einigen Regionen ist es aber auch noch üblich, mit der Hand zu essen, besonders wenn Reis oder Couscous gegessen werden.

Auberginen-Zucchini-Topf   Irak
Badinjan ma Kusa

Für 4 Personen:
1 große Aubergine
1 große Kartoffel
2 mittelgroße Zucchini
1 mittelgroße gelbe Paprika
1 mittelgroße grüne Paprika
1½ Knoblauchzehen
1 große Zwiebel
⅛ l Olivenöl
Salz
4 Stängel Dill

1. Aubergine waschen, putzen und in Würfel schneiden. Kartoffel schälen, waschen und ebenfalls würfeln. Zucchini und Paprika waschen, putzen und in ca. 3 cm große Stücke schneiden.
2. Zwiebel schälen, würfeln und in etwas Olivenöl goldbraun braten.
3. Auberginen, Zucchini, Paprika und gepressten Knoblauch in einem gusseisernen Topf mit dem restlichen Olivenöl leicht schmoren, bis alles glasig wird. Kartoffeln, Zwiebeln, Salz und den fein geschnittenen Dill dazugeben und mit ½ Tasse Wasser übergießen.
4. Den Eintopf bei schwacher Hitze, ohne umzurühren, gar köcheln lassen. Zum Schluss nochmals abschmecken und umrühren.

○ Als Beilage Brot oder Vollkornreis servieren.

Arabische Hausfrauen kochen meist nach Gefühl und nicht nach dem Kochbuch – und trotzdem geht alles gut! Bei den jungen arabischen Frauen kommt inzwischen das Kochen nach Rezeptbüchern aber auch immer mehr in Mode.

Mangold-Gemüse
Tabchet Sulok

Ägypten

Für 2 Personen:
250 g Mangoldstängel (vom jungen Mangold)
⅛ l Olivenöl
1 große Zehe Knoblauch
Saft einer ½ Zitrone
2 Messerspitzen Kreuzkümmel
Salz
2 Stängel Petersilie
2 EL saurer Granat-Apfel

1. Die Mangoldstängel waschen, abtropfen lassen und in ½ cm große Würfel schneiden. Die Würfel in Olivenöl goldbraun ausbraten.
2. Den Knoblauch schälen und pressen. Zusammen mit dem Zitronensaft und dem Kreuzkümmel zu den gebratenen Mangoldstängeln geben. Alles gut vermischen und mit Salz abschmecken.
3. Die Masse auf eine Platte geben und schön verteilen. Petersilie waschen, fein hacken und über den Mangold streuen.
4. Das Innere des sauren Granat-Apfels ebenfalls darüber geben.

○ Dazu passt Fladenbrot.

Spinat-Rollen
Sabanech-Malfuf

Syrien

Für 2 Personen:
200 g Weizenmehl, Type 1050
½ TL Salz
1 Ei
¼ l Milch
3 EL Sonnenblumenöl
150 g Blattspinat, frisch oder tiefgefroren
100 g Schafskäse

1. Mehl, Salz und Ei in eine Schüssel geben, die Milch langsam mit einem Schneebesen unter das Mehl rühren, es sollen keine Klümpchen entstehen.
2. Öl in einer Pfanne erhitzen. Nach und nach sechs dünne Pfannkuchen aus dem Teig herausbacken.
3. Frischen Spinat putzen und waschen, in Salzwasser blanchieren (tiefgefrorenen Spinat auftauen lassen und ebenfalls blanchieren). Spinat gut abtropfen lassen, grob hacken und mit Salz abschmecken. Schafskäse fein würfeln und unter den Spinat mischen.
4. Spinat-Käse-Füllung auf den Pfannkuchen verteilen. Die Pfannkuchen aufrollen und in eine beschichtete Kasserolle geben. Im vorgeheizten Backofen bei 200° C 5 – 10 Minuten überbacken – je nach Belieben, ob kross-gebacken oder leicht braun.

❍ Dazu passt ein Salat oder eine Joghurt-Sauce (siehe dazu Rezept Seite 121).

Zum Teig fällt mir eine Geschichte ein, die ich einmal erlebt habe. Die Großmutter meines Mannes war mit uns zu Besuch auf dem Lande. Sie rutschte unglücklich auf einer Treppe aus. Ihr Arm schwoll in kurzer Zeit an. Eine Frau aus dem Ort – das »Mädchen für Notfälle«, die Hebamme und gleichzeitig Ersatz-Ärztin war, kam uns zur Hilfe. Sie drehte und drückte am Arm der Großmutter und sagte: »der Arm ist gebrochen – ich weiß es!«

Aus Mehl, einem Ei und Wasser machte sie einen dünnen Teig, strich ihn über den Arm und sagte, er müsse nun trocknen. Als er getrocknet war, meinte sie, dass er 3 Wochen darauf bleiben solle.

Am nächsten Tag fuhren wir mit der Großmutter wieder zurück und gingen sofort in ein Krankenhaus. Der Arzt bestätigte den Bruch und versicherte uns, dass auch der Gips (Teig) gut angelegt sei. Es wären nur Kontrollen nötig. Nach 2 Monaten konnte Großmutter den Arm wieder gut bewegen.

Auberginen-Pfannkuchen
Badinjan bil Ajin

Ägypten

Für 2 Personen:
2 mittelgroße Zwiebeln
1 Knoblauchzehe
⅛ l Olivenöl
250 g Auberginen
Salz
1 TL Curry
Pfeffer
4 Eier

1. Zwiebeln und Knoblauch schälen und in Scheiben schneiden, in etwas Öl goldbraun anbraten und dann aus der Pfanne nehmen.
2. Die Auberginen waschen, abtrocknen und den Stängel abschneiden. In etwa 2 cm dicke Würfel schneiden. Öl in eine große Pfanne geben und die Auberginen von allen Seiten anbraten. Mit Salz, Curry und Pfeffer abschmecken. Danach alles mit ¼ l Wasser übergießen und aufkochen lassen. Ca. 10 Minuten in der abgedeckten Pfanne köcheln lassen, bis das Gemüse gar ist. Zwiebeln und Knoblauch unterrühren. Solange weiterköcheln, bis alles Wasser verdampft ist. Die Auberginen in eine Schüssel geben und etwas abkühlen lassen.
3. Eier verquirlen, Salz und Pfeffer hinzufügen und mit dem Auberginengemüse vermischen.
4. Danach Öl in eine große Pfanne geben und erhitzen. Die Auberginenmischung hineingeben und ca. 5 Minuten bei schwacher Hitze braten (Vorsicht – nicht anbrennen lassen). Den Auberginen-Pfannkuchen wenden und von der anderen Seite anbraten.

Die Ägypter sind ein lustiges Volk, sie nehmen alles nicht so schwer. Ich hörte öfter: »Es hätte schlimmer kommen können«. Aber jammern können sie dennoch – und zwar sehr laut.

Tomaten-Omelette
Schas Mass (auch: Jahudi msafer)

Palästina

Für 2 Personen:
4 Tomaten
5 EL Olivenöl
1 Zwiebel
1 Knoblauchzehe
3 Stängel Petersilie
3 Eier
Salz und schwarzer Pfeffer

1. Die Tomaten kreuzweise einschneiden, kurz in kochendheißes Wasser legen und anschließend die Schale abziehen. Tomaten in Viertel schneiden.
2. Olivenöl in einem Topf erhitzen. Zwiebel in kleine Würfel schneiden und zusammen mit der gepressten Knoblauchzehe hinzufügen. Alles goldbraun anbraten.
3. Petersilie hacken und mit den Tomaten unter die Zwiebel mischen. Bei schwacher Hitze ca. 10 – 15 Minuten unter gelegentlichem Rühren dünsten.
4. Die Eier verquirlen und unter die Tomaten mischen. Alles mit etwas Salz und Pfeffer würzen, kurz umrühren und dann die Masse stocken lassen. Nach Bedarf noch einmal abschmecken.

○ Brot dazu reichen.

Das Gericht heißt »Jahudi msafer« – zu Deutsch: »wenn der Jude auf Reisen geht«.
Gingen früher Juden auf Reisen, so haben sie dieses Gericht unterwegs gekocht oder schon fertig mitgenommen.

Tomaten-Zucchini-Topf
Tajin Kusa ma Bandora

Marokko

Für 3 Personen:
350 g Tomaten
1 Zucchini
1 Aubergine
3 kleine Zwiebeln
3 EL Olivenöl
2 Knoblauchzehen
Salz
1 MSP Zimt
Kreuzkümmel

1. Tomaten, Zucchini und die Aubergine waschen und trocknen. Aubergine schälen und alles in große Würfel schneiden.
2. Die Zwiebeln fein hacken. Öl in einen Topf geben und die Zwiebeln darin anbraten. Knoblauchzehen pressen und ebenfalls in dem Öl mit anbraten. Die Tomatenwürfel hinzufügen und alles bei schwacher Hitze ca. 10 Minuten dünsten.
3. Zucchini- und Auberginenwürfel zu den Tomaten geben und mit ¼ l Wasser aufgießen. Mit Salz würzen, gut vermischen und ca. 20 Minuten bei mittlerer Hitze weiter dünsten.
4. Mit Salz, 1 Messerspitze Zimt und etwas Kreuzkümmel abschmecken.

❍ Das Gericht kann kalt und warm gegessen werden.

Bandnudeln mit Spinat
Sabanech ma Makarona Arida

Jordanien

Für 4 Personen:
250 g Blattspinat, frisch oder tiefgefroren
300 g breite Vollkorn-Bandnudeln
1 große Zwiebel
2 Zehen Knoblauch
3 EL Olivenöl
Salz und Pfeffer
4 EL Naturjoghurt

1. Den frischen Spinat putzen und waschen. Tiefgefrorenen Spinat auftauen lassen. Spinatblätter in etwas Wasser dünsten.
2. In einem großen Topf Wasser mit etwas Salz zum Kochen bringen und die Nudeln darin kochen lassen – sie sollten noch etwas Biss haben. Die Bandnudeln über einem Sieb abgießen.
3. Zwiebel und Knoblauchzehen schälen und fein hacken. Olivenöl in einer kleinen Pfanne erhitzen und Zwiebel und Knoblauch darin goldbraun anbraten.
4. Eine Auflaufform oder Kasserolle mit wenig Margarine oder etwas Öl leicht fetten. Schichtweise Spinat, Nudeln und gebratene Zwiebel einfüllen und dabei mit etwas Salz und Pfeffer würzen. Im vorgeheizten Backofen bei 200° C etwa 10 – 15 Minuten überbacken bis sich eine leicht bräunliche Kruste bildet.
5. Die Nudeln aus dem Backofen nehmen und den Naturjoghurt darüber geben.

Okra mit Tomaten
Bamie ma Banadora

Jemen

Für 4 Personen:
250 g getrocknete Okra (mittelgroß)
⅛ l Olivenöl
200 g Tomaten
2 Zwiebeln, fein geschnitten
2 Knoblauchzehen, gepresst
5 Stängel frische Korianderblätter
Salz und schwarzer Pfeffer nach Geschmack

1. Die getrockneten Okraschoten ½ Stunde in heißem Wasser einweichen, danach einige Male waschen und im Sieb gut abtropfen lassen.
2. Olivenöl (2 EL zurückbehalten) in einen Topf geben und die Okra darin bei mittlerer Hitze etwa 10 Minuten dünsten, dabei ab und zu umrühren. Die Tomaten in Viertel schneiden und zu den Okra geben.
3. Zwiebeln schälen und fein hacken. Restliches Olivenöl in einer kleinen Pfanne erhitzen, und die Zwiebeln darin goldbraun braten. Knoblauchzehen schälen und pressen. Korianderblätter waschen und fein hacken.
4. Knoblauch, Zwiebeln und Korianderblätter zu den Okra geben, alles gut vermischen und noch ca. 10 – 15 Minuten bei mittlerer Hitze dünsten, bis das Gemüse gar ist. Mit Salz und etwas Pfeffer abschmecken.

❍ Statt der getrockneten Okraschoten können auch frische Okra verwendet werden.

Blumenkohl im Eierkuchenteig
Sahra makli ma Ajin wa Beid

Syrien

Für 3 Personen:
1 kleiner Blumenkohl
200 g Weizenvollkornmehl
2 Eier
¼ l Wasser
Salz
½ l Rapsöl

1. Den Blumenkohl putzen, in Röschen teilen, waschen und in Salzwasser blanchieren.
2. Weizenmehl in eine Schüssel geben. Die Eier aufschlagen und zusammen mit dem Wasser dazu geben. Mit einem Schneebesen zu einem dünnflüssigen Teig verarbeiten, mit etwas Salz abschmecken und den Teig etwas ruhen lassen.
3. Das Öl in einem Topf oder in einer Friteuse erhitzen. Die Blumenkohlröschen in den Eierkuchenteig tauchen und im Öl goldbraun ausbacken.

○ Dazu passt ein bunter Salatteller.

Porree mit Kartoffeln
Barasia ma Batata

Libanon

Für 3 Personen:
400 g Porree (Lauch)
3 große Kartoffeln
1 große Zwiebel
2 EL Pflanzenmargarine
Salz
⅜ l Gemüsebrühe
2 EL Speisestärke
½ l Milch
Tabasco
1 Bund Schnittlauch

1. Porree putzen, waschen und in Ringe schneiden. Kartoffeln und Zwiebel schälen und würfeln.
2. Margarine in einem Topf erhitzen und den Porree mit den Zwiebeln darin glasig dünsten. Kartoffelwürfel dazugeben, etwas salzen und mit Gemüsebrühe auffüllen. Bei schwacher Hitze etwa 35 Minuten garen.
3. Den Topf vom Herd nehmen und abkühlen lassen bis das Gemüse nur noch lauwarm ist. Mit einem Passierstab oder Mixer pürieren.
4. Den Topf wieder auf die Herdplatte stellen. Stärke mit der Milch anrühren und unter den Lauch ziehen. Das Gemüse vorsichtig erhitzen, nicht mehr kochen lassen. Mit Tabasco abschmecken und die Sauce durch ein Sieb streichen und abkühlen lassen. Den fein gehackten Schnittlauch darüber streuen.

○ Baguette oder Fladenbrot dazu servieren.

Kartoffeln im Teich
Batata bil Buheira

Libanon

Für 4 Personen:
500 g Kartoffeln
2 mittelgroße Zwiebeln
40 g Pflanzenmargarine
40 g Weizenmehl, Type 1050
¼ l Gemüsebrühe
⅛ l Milch
Salz
Muskatnuss
frischer Dill

1. Kartoffeln schälen und in Scheiben schneiden. Die Zwiebeln schälen und fein würfeln.
2. Für die Sauce die Margarine in einem großen Topf erhitzen und die Zwiebeln darin goldbraun anrösten. Die Zwiebeln mit etwas Mehl bestäuben und mit der Gemüsebrühe aufgießen. Die Milch hinzufügen und mit Salz und Muskat abschmecken. Kartoffeln in die Sauce geben und darin gar kochen.
3. Die Kartoffeln in eine gefettete, feuerfeste Form füllen und im vorgeheizten Ofen ca. 10 Minuten überbacken.
4. Den Dill fein hacken und vor dem Servieren darüber streuen.

Spinat-Schiffchen
Fatayer ma Sabanech

Syrien

Für 4 Personen:
500 g Weizenmehl, Type 1050
5 EL Rapsöl
200 g Magerquark
Salz
450 g Blattspinat frisch oder tiefgefroren
1 große Zwiebel
2 Knoblauchzehen

1. Weizenmehl in eine Schüssel geben. 3 EL Öl, Quark, etwas Salz und etwas Wasser dazugeben und alles zu einem glatten Teig verkneten. Den Teig eine halbe Stunde ruhen lassen.
2. Den frischen Spinat putzen, gut waschen und etwas zerkleinern. Gefrorenen Spinat auftauen lassen. Spinat in etwas Salzwasser blanchieren und anschließend über einem Sieb abtropfen lassen.
3. Zwiebel und Knoblauch schälen und in kleine Würfel schneiden. Das restliche Öl in einer Pfanne erhitzen und beides darin glasig dünsten. Die Zwiebel und den Knoblauch in den Spinat geben und vermengen, mit etwas Salz abschmecken.
4. Aus dem Teig kleine Kugeln formen und mit dem Nudelholz zu kleinen Plätzchen ausrollen. Den Teig zu kleinen Schiffchen drücken und den Spinat hineingeben. Die Schiffchen im vorgeheizten Ofen bei 200° C etwa 25 Minuten goldbraun backen.

Gefülltes Gemüse
Batata ma Banadora bil Furn

Algerien

Für 4 Personen:
150 g Langkornreis
4 große Zwiebeln
3 große Kartoffeln
6 große Tomaten
Salz und weißer Pfeffer
100 g Erbsen, frisch oder tiefgefroren

¾ l Gemüsebrühe
4 EL Sonnenblumenöl
100 g Brunnenkresse
1 Bund Dill

1. Den Reis 1 Stunde in warmem Wasser einweichen.
2. 2 Zwiebeln und die Kartoffeln schälen. Tomaten, Zwiebeln und Kartoffeln aushöhlen, dabei das Tomatenfleisch beiseite stellen. Das Gemüse in einen Topf mit Wasser setzen (Wasser darf nur kurz bis unter den Tomatenrand reichen). Das Gemüse vorsichtig blanchieren.
3. 150 ml Wasser zum Kochen bringen und den Reis dazugeben. Bei schwacher Hitze mit etwas Salz etwa 30 Minuten gar kochen, bei Bedarf noch Wasser hinzugeben, bis der Reis vollkommen gar ist. Erbsen in etwas Wasser garen und anschließend abtropfen lassen
4. Das Innere der Tomaten mit einer Gabel zerdrücken und zusammen mit der Gemüsebrühe in einem Topf ca. 10 Minuten köcheln lassen.
5. Die restlichen Zwiebeln schälen, würfeln und in etwas Öl glasig dünsten. Kresse und Dill fein schneiden (1 Stängel Dill zum Garnieren beiseite legen). Die Kräuter zu den Zwiebeln geben und vorsichtig weiter dünsten lassen. Die Erbsen ebenfalls zu den Zwiebeln geben und mit Salz und Pfeffer würzen. Alles mit dem gekochten Vollkornreis mischen.
6. Die Reis-Gemüse-Mischung in die vorgegarten Tomaten, Kartoffeln und Zwiebeln füllen. Das Gemüse und in eine feuerfeste Form setzen. Die Tomatensauce zu dem gefüllten Gemüse in die Auflaufform geben und alles im Backofen bei 200° C noch ca. 15 Minuten überbacken. Zum Schluss mit dem restlichen Dill garnieren.

Auberginen mit Tomaten
Badinjan ma Banadora

Palästina

Für 4 Personen:
250 g Auberginen
200 g Tomaten
⅛ l Olivenöl
2 Zwiebeln
2 Knoblauchzehen
Salz und schwarzer Pfeffer
4 Stängel Petersilie

1. Auberginen waschen, schälen und in 3 – 4 cm große Würfel schneiden. Die Tomaten kreuzweise einschneiden, mit kochendheißem Wasser übergießen und anschließend die Haut abziehen. Tomaten in 2 – 3 cm große Würfel schneiden. Die Zwiebeln schälen und fein hacken.
2. Öl in einen Topf geben und erhitzen. Tomaten, Auberginen und Zwiebeln zusammen mit dem gepressten Knoblauch im Öl etwa 5 Minuten anbraten. Nach Geschmack mit Salz und Pfeffer würzen.
3. Anschließend das Gemüse noch bei niedrigeren Temperaturen 10 – 15 Minuten weiter köcheln lassen.
4. Die Petersilie waschen und fein hacken. Petersilie zu dem Gemüse geben und alles noch einmal mit etwas Salz abschmecken.

❍ Das Gericht schmeckt auch kalt sehr gut.

Kartoffel-Kohlrabi-Topf
Krumb ma Batata

Tunesien

Für 4 Personen:
500 g kleine Kartoffeln
Salz
6 junge Kohlrabi
frischer Thymian
frische Salbeiblättchen
5 EL Olivenöl
400 g geschälte Tomaten
Salz
150 ml Gemüsebrühe
1 ½ Bund Frühlingszwiebeln

1. Die Kartoffeln waschen und in etwas Wasser 10 Minuten kochen. Kartoffeln abgießen und pellen, in 1 cm dicke Scheiben schneiden und anschließend leicht salzen.
2. Die Kohlrabi schälen, achteln und leicht salzen. Kartoffeln und Kohlrabi in eine Kasserolle geben. Thymian und Salbeiblätter abzupfen, fein hacken und über das Gemüse geben. Zum Schluss mit 4 EL Olivenöl beträufeln. Das Gemüse im Backofen bei 175° C braten. Nach 25 Minuten Kartoffeln und Kohlrabi wenden.
3. Die geschälten Tomaten abgießen, grob zerkleinern und salzen. 100 ml Gemüsebrühe mit den Tomaten vermischen und die Sauce zu den Kartoffeln geben. Alles zusammen noch ca. 20 Minuten im Ofen weitergaren.
4. Inzwischen die Frühlingszwiebeln in Ringe schneiden und in 1 EL Olivenöl anbraten. Mit 50 ml Gemüsebrühe ablöschen und die Zwiebeln vor dem Servieren über das Gemüse geben.

○ Die feinen Blätter von jungem Kohlrabi nicht wegwerfen. Sie enthalten viele wertvolle Inhaltsstoffe und können kleingehackt zu dem Gemüse oder unter einen Salat gemischt werden.

Prinzessbohnen mit Koriander
Lubie ma Kusbara

Libanon

Für 2 Personen:
300 g Prinzessbohnen
1 Zwiebel
2 Knoblauchzehen
4 EL Olivenöl
6 Stängel frische Korianderblätter
Salz

1. Bohnen putzen und waschen. Zwiebel schälen und in kleine Würfel schneiden. Knoblauch schälen und pressen.
2. Olivenöl in einem Topf erhitzen und Zwiebeln, Knoblauch und die Prinzessbohnen hinzu geben. Das Gemüse bei mittlerer Hitze gut 5 Minuten anbraten.
3. Anschließend 2 EL Wasser hinzufügen und gut umrühren. Die Bohnen bei niedriger Temperatur noch einmal 15 Minuten köcheln lassen.
4. Korianderblätter fein hacken und zu dem Gemüse geben. Mit Salz abschmecken. Die Bohnen vorsichtig umrühren und noch einmal kurz köcheln lassen (die Bohnen sollen aber nicht zu weich werden).

○ Falls einmal etwas von diesem Gericht übrig bleiben sollte: Es schmeckt auch kalt vorzüglich.

Eier im Stroh   Ägypten
Batata ma Beid bil Asch

Für 4 Personen:
6 große Kartoffeln
3 EL Pflanzenmargarine
2 – 3 EL Milch
2 EL Parmesankäse
Salz und Pfeffer
6 Eier
3 Stängel Korianderblätter

1. Kartoffeln schälen und waschen. An einer Seite flach abschneiden. Die Kartoffeln in eine leicht gefettete Kasserolle legen und im Backofen (Elektro) bei 200° C ca. 1 Stunde backen (man kann die Kartoffeln auch in Alu-Folie wickeln, dies verkürzt die Backzeit).
2. Die etwas abgekühlten Kartoffeln aushöhlen, dabei aber genügend Rand stehen lassen.
3. Das Innere der Kartoffel mit einer Gabel zerdrücken. 1 EL Margarine in einem Topf zerlassen, Milch und Kartoffelmasse dazugeben, gut vermischen und kurz aufkochen lassen. Den Parmesankäse unter die Kartoffelmasse mischen und alles mit Salz und Pfeffer abschmecken. Die Füllung in die ausgehöhlten Kartoffeln geben.
4. Eier je nach Geschmack weich oder hart kochen und schälen. Auf die gefüllten Kartoffeln geben und etwas eindrücken, damit sie fest sitzen. Mit der restlichen Margarine kleine Flöckchen auf die Eier setzen. Salz und Pfeffer über jedes Ei streuen. Die Kartoffeln im Backofen noch einmal kurz überbacken.
5. Korianderblätter waschen und fein hacken, kurz vor dem Servieren über die Eier streuen.

Überbackene Auberginen und Tomaten
Badinjan ma Jibneh bil Furn

Saudi-Arabien

Für 2 Personen:
350 g Auberginen
3 große Eiertomaten
1 Zwiebel
Salz
Pfeffer
½ TL mittelscharfes Paprikapulver
1 Knoblauchzehe
4 EL Olivenöl
200 g Schafskäse
4 Stängel Petersilie

1. Auberginen und Tomaten waschen. Auberginen in 1½ cm dicke, Tomaten in 1 cm dicke Scheiben schneiden. Zwiebel in dünne Ringe schneiden. Eine feuerfeste Form leicht fetten. Auberginen und Tomaten in die Form schichten. Salz, Pfeffer und Paprikapulver über das Ganze geben.
2. Knoblauch schälen, fein hacken und mit den Zwiebelringen im Olivenöl glasig dünsten, anschließend mit dem Öl über die Tomaten und Auberginen verteilen.
3. Schafskäse mit einer Gabel zerdrücken und die kleinen Käsestückchen über das Gemüse streuen. Die Auflaufform in den Backofen stellen und das Gemüse ca. 30 Minuten bei 200° C überbacken.
4. Petersilie waschen, fein hacken und kurz vor dem Servieren darüber streuen.

Kartoffel-Plätzchen
Dalule Batata Serafadi

Palästina

Für 4 Personen:
1 kg Kartoffeln
2 – 3 Eier (nach Belieben)
4 Stängel Petersilie
120 g Parmesankäse, gerieben
Salz und schwarzer Pfeffer
Vollkorn-Semmelbrösel zum Panieren
Rapsöl zum Braten

1. Die Kartoffeln waschen und mit der Schale in wenig Wasser ca. 40 Minuten gar kochen. Kartoffeln etwas abkühlen lassen, abpellen und durch eine Kartoffelpresse drücken.
2. Eier verquirlen, Petersilie fein hacken und beides zusammen mit dem Käse unter den Kartoffelbrei mischen. Mit Salz und Pfeffer abschmecken und alles zu einem geschmeidigen Teig verkneten. Wenn nötig, etwas Semmelbrösel dazugeben.
3. Von dem Teig jeweils 1 EL abnehmen und zu kleinen, runden Fladen formen. Die Kartoffelplätzchen in den Semmelbröseln wenden und in heißem Öl schwimmend goldbraun ausbacken.

Jerusalemer Artischocken
Tartufa

Jerusalem

Für 4 Personen:
1 kg Artischocken
1 Zwiebel
1 Knoblauchzehe
3 Tomaten
3 EL Olivenöl
3 EL Tomatenmark
Salz und schwarzer Pfeffer
Saft einer ½ Zitrone
½ – ¾ l Wasser (je nach Höhe des Topfes)
2 EL fein gehackte Petersilie

1. Artischocken waschen, harte Blätter entfernen und Stielansatz schälen. Zwiebel und Knoblauch schälen und fein hacken. Tomaten mit heißem Wasser überbrühen, häuten und klein hacken.
2. Öl in einer großen Pfanne erhitzen und Zwiebel und Knoblauch darin goldbraun braten. Artischocken zufügen und im Öl wälzen. Tomatenstücke dazu geben und mit dem Öl zerdrücken. Tomatenmark, Gewürze und den Zitronensaft darunter mischen und Wasser dazu gießen, so dass die Artischocken gut bedeckt sind.
3. Das Gemüse etwa ½ Stunde auf kleiner Flamme kochen, bis die Artischocken weich sind und die Sauce eingedickt ist. Wenn nötig während des Kochens noch etwas Wasser nachgießen.
4. Zuletzt mit Salz abschmecken und mit der Petersilie garnieren.

Petersilien-Eierkuchen
Eja

Syrien

Für 2 Personen:
4 Eier
1 Salatzwiebel
1 Knoblauchzehe
1 großer Bund Petersilie
½ TL Paprikapulver
Salz
Öl zum Ausbraten

1. Eier in eine Schüssel schlagen und mit dem Schneebesen schaumig rühren. Zwiebel und Knoblauch schälen. Zwiebel fein würfeln, Knoblauchzehe pressen und Petersilie fein hacken.
2. Knoblauch, Zwiebel, Petersilie, gemahlener Paprika und Salz zu den Eiern geben und alles gut vermischen.
3. Öl erhitzen und darin Küchlein (so groß wie Reibekuchen) leicht braun ausbraten.

Kartoffel-Gemüse mit Pilzen   Libanon
Akle Ajnabi

Für 4 Personen:
200 g Champignons oder Steinpilze
800 g Salatgurken
250 g Kartoffeln
250 g Eiertomaten
1 Zwiebel
40 g Pflanzenmargarine
⅛ l heiße Gemüsebrühe
Salz
4 EL Olivenöl
1 Bund Dill
1 Bund Korianderblätter

1. Pilze putzen, Gurken und Kartoffeln schälen und alles in Würfel schneiden. Die Tomaten vierteln.
2. Die Zwiebel in Ringe schneiden. Margarine in einem großen Topf erhitzen und die Zwiebeln darin goldbraun ausbraten. Kartoffeln dazu geben und mit heißer Gemüsebrühe übergießen.
3. Die Kartoffeln 10 Minuten bei mittlerer Hitze garen. Gurken und Pilze hinzufügen und nochmals 10 Minuten weiter garen. Mit Salz abschmecken.
4. Die Tomaten in etwas Öl dünsten. Das Kartoffelgemüse in eine Schüssel füllen und die Tomaten darüber geben.
5. Dill und Korianderblätter waschen, fein hacken und vor dem Servieren über das Gemüse streuen.

Hülsenfrüchte
Ful, Homos wa Adas

Die arabische Küche zeigt, was aus Hülsenfrüchten alles werden kann: Bohnen, Linsen oder Kichererbsen werden mit viel Phantasie und kreativer Kochkunst zu besonderen Köstlichkeiten verarbeitet.

Falafel, leckere Bällchen aus Kichererbsen oder braunen Bohnen und Kichererbsenmus sind inzwischen auch bei uns sehr beliebt und bereichern den europäischen Speisezettel. Aber es gibt noch vieles andere zu entdecken ...

Dicke Bohnen mit Tomaten
Ful ma Banadora

Jordanien

Für 3 Personen:
250 g Dicke Bohnen, getrocknet
2 mittelgroße Tomaten
4 Stängel Petersilie
1 kleine Zwiebel
½ Knoblauchzehe
1 EL Zitrone
Salz
Kreuzkümmel
2 EL Olivenöl

1. Die Dicken Bohnen über Nacht in lauwarmem Wasser einweichen. Am nächsten Tag abgießen und mit frischem Wasser aufsetzen und gar kochen, anschließend über einem Sieb abtropfen lassen.
2. Die Bohnen wieder in einen Topf geben. Tomaten in kleine Würfel schneiden. Petersilie waschen und fein hacken. Zwiebel und Knoblauch schälen und fein schneiden, zusammen mit der Petersilie zu den Bohnen geben. Das Bohnengemüse noch einmal kurz vorsichtig erhitzen. Bei Bedarf etwas Wasser hinzufügen.
3. Zitronensaft dazugeben und mit Salz und Kreuzkümmel abschmecken. Zum Schluss das Olivenöl darüber gießen und alles noch einmal gut vermischen.

○ Sind die Bohnen erst einmal gekocht, ist das Gericht schnell zubereitet. Mit einem Fladenbrot serviert, ist dies schon fast eine komplette Mahlzeit. Sollen die Dicken Bohnen als Vorspeise gereicht werden, entfallen die Tomaten.

Kichererbsen mit Kartoffeln
Homos ma Batata

Jemen

Für 4 Personen:
200 g Kichererbsen
200 g Kartoffeln
150 g Pilze, z. B. Champignons
1 mittelgroße Zwiebel
4 Stängel Petersilie
4 EL Sonnenblumenöl
Salz
2 Stängel frisches Bohnenkraut
¼ l Gemüsebrühe

1. Kichererbsen über Nacht einweichen. Mit reichlich Wasser aufsetzen und ca. 1 Stunde weich kochen, im Schnellkochtopf dauert es etwa 45 Minuten. (Wenn es mal schnell gehen muss, können auch vorgekochte Kichererbsen verwendet werden).
2. Die Kartoffeln waschen, gar kochen, das Kochwasser abschütten. Kartoffel schälen und in Würfel schneiden. Die Kichererbsen mit den Kartoffeln in einem Topf vermischen.
3. Pilze putzen. Zwiebel schälen und fein hacken, Petersilie fein wiegen. Öl in einer Pfanne erhitzen und Pilze mit den Zwiebeln und der Petersilie anbraten. Pilze und Zwiebel zu den Kartoffeln geben und gut vermischen. Mit etwas Salz abschmecken.
4. Den dicken Stiel vom Bohnenkraut abschneiden und nur das dünne Kraut fein schneiden. Kräuter über die Kartoffeln streuen und mit heißer Gemüsebrühe aufgießen. Das Gericht einmal kurz aufkochen lassen und dann servieren.

Homos (= Kichererbsen) wird in vielen arabischen Ländern gekocht, getrocknet und mit Salz oder Honig usw. gewürzt, um es dann zum Knabbern anzubieten. In asiatischen oder arabischen Lebensmittelgeschäften können sie auch bei uns als Knabbergebäck gekauft werden.

Arabischer Auberginen-Auflauf Syrien
Kauasch Arabi ma Badinjan ma Homos

Für 4 Personen:
1 kg Auberginen
¼ l Olivenöl
3 mittelgroße Zwiebeln
Salz
Cayennepfeffer
1 Dose Kichererbsen (ca. 400 g)
1,5 kg Tomaten
⅜ l Wasser

1. Auberginen putzen, waschen und in nicht zu kleine Würfel schneiden. Die Hälfte des Olivenöls in einem Topf erhitzen und die Auberginenwürfel darin ca. 5 Minuten braun werden lassen. Anschließend in eine feuerfeste Form geben.
2. Zwiebeln schälen, würfeln und in Öl goldbraun anrösten. Zwiebelwürfel über die Auberginen verteilen. Das restliche Öl darüber gießen und mit Salz und Cayennepfeffer würzen.
3. Kichererbsen in einem Sieb abtropfen lassen und über das Gemüse in der Auflaufform verteilen.
4. Tomaten kreuzweise einschneiden, mit heißem Wasser übergießen und die Haut abziehen. In 5 cm große Stücke schneiden und ringsum den Rand der Form legen. Das Gemüse nochmals etwas salzen und mit dem Wasser übergießen.
5. Im vorgeheizten Backofen bei mittlerer Hitze ca. 40 Minuten backen.

○ Fladenbrot und Vollkornreis dazu servieren.

Kürbis mit Kichererbsen
Makmur Yaktien

Ägypten

Für 4 Personen:
200 g Kichererbsen
600 g geschälter Kürbis
5 EL Pflanzenmargarine
3 EL Sesammus
¼ l Gemüsebrühe
Salz
3 Knoblauchzehen, gepresst
2 EL Olivenöl
200 g Pinienkerne

1. Die Kichererbsen über Nacht einweichen. Am nächsten Tag in einen Topf mit reichlich Wasser geben und etwa 1 Sunde (im Schnellkochtopf 45 Minuten) kochen lassen, bis sie gar sind. Anschließend über einem Sieb abtropfen lassen und beiseite stellen.
2. Den Kürbis waschen, schälen und in 2 cm dicke und 5 cm lange Streifen schneiden. Die Kürbisstreifen 2 – 3 Stunden an der Luft trocknen lassen.
3. Die getrockneten Kürbisstreifen in der Margarine goldbraun ausbraten. Sesammus, Gemüsebrühe und etwas Salz in einen Topf geben, alles gut vermengen und einmal aufkochen lassen. Kürbis hinzufügen und bei schwacher Hitze ca. 35 Minuten köcheln lassen – dabei öfter einmal umrühren. Kichererbsen und den gepressten Knoblauch dazugeben und noch einmal aufkochen lassen.
4. Olivenöl in eine Pfanne geben und die Pinienkerne darin goldbraun rösten. Das Kürbisgemüse auf eine Platte geben und mit den Pinienkernen bestreuen.

Linsen-Brei
Msabaha Adas-Madkuk

Libanon

Für 2 Personen:
250 g Linsen
Salz
Saft einer Zitrone
1 EL Naturjoghurt
8 schwarze Oliven
1 kleine Zwiebel
6 EL Olivenöl

1. Linsen waschen und in reichlich Wasser gar kochen. Mit etwas Salz würzen. Linsen über einem Sieb abtropfen lassen und eventuell mit etwas Salz abschmecken.
2. Die Linsen mit einem Rührstab oder einem Mörser fein pürieren, Zitronensaft und Joghurt zu den Linsen geben und alles gut vermischen. Das Linsenmus auf einer Platte anrichten und die Oliven darauf verteilen.
3. Die Zwiebel in feine Ringe schneiden und mit Olivenöl goldbraun anbraten. Zwiebelringe mit dem Öl über die Linsen gießen.

○ Beim Kochen von Linsen oder anderen Hülsenfrüchten sollte das Salz erst am Ende der Kochzeit dazu gegeben werden. Salz verhindert ansonsten, dass die Linsen weich werden.

Linsen mit Reis
Mjadara ma Ruz

Syrien

Für 2 Personen:
200 g Vollkornreis
250 g Linsen
Salz
2 große Salatzwiebeln
⅛ l Oliven- oder Sonnenblumenöl

1. Reis waschen und ½ Stunde in lauwarmem Wasser einweichen.
2. Linsen waschen und in reichlich Wasser zum Kochen bringen, nicht ganz gar kochen – sie sollten noch etwas Biss haben. Am Ende der Garzeit etwas Salz hinzufügen.
3. Zwiebeln schälen, in Scheiben schneiden und beiseite stellen.
4. Den Reis über einem Sieb abtropfen lassen. ¼ l Wasser in einen Topf geben, einen gut gehäuften Teelöffel Salz hinzufügen und den Reis darin stark, aber kurz aufkochen lassen. Bei schwacher Hitze etwa 15 Minuten garen. Die Linsen abgießen und unter den Reis mischen. Den Reis mit den Linsen noch etwa 15 Minuten weiter garen lassen.
5. Olivenöl in einer Pfanne erhitzen und die Zwiebelringe schön braun anbraten, etwas Salz darüber streuen.
6. Reis mit Linsen auf eine Platte geben und die Zwiebeln darüber verteilen.

Verbrannte Finger
Harak Esbau

Syrien

Für 2 Personen:
200 g Linsen
150 g Vollkorn-Bandnudeln
Salz, mildes Paprikapulver
2 EL Olivenöl
2 mittelgroße Zwiebeln
1½ Knoblauchzehen
6 Stängel frische Korianderblätter oder Petersilie
1½ l Gemüsebrühe
Salz
1 Scheibe Vollkorn-Fladenbrot

1. Linsen einweichen und gar kochen, anschließend absieben – dabei den Fond aufheben.
2. Die Bandnudeln in reichlich kochendem Salzwasser gar kochen und über einem Sieb abtropfen lassen. Nudeln in einen Topf geben, salzen und mit etwas Olivenöl vermischen. Die fertig gegarten Linsen darunter heben.
3. Zwiebeln und Knoblauch schälen und in Scheiben schneiden. Korianderblätter oder Petersilie waschen und fein hacken. 2 Stängel Korianderblätter oder Petersilie für die Verzierung aufheben.
4. Kräuter, Zwiebeln und Knoblauch mit 3 EL Olivenöl anbraten, bis die Zwiebeln und der Knoblauch goldbraun werden.
5. Gemüsebrühe mit dem Fond der Linsen über Linsen und Nudeln geben. Etwa 3 Minuten quellen lassen. Zwiebeln, Knoblauch, Korianderblätter oder Petersilie darunter mengen, alles mit Salz abschmecken und in eine gläserne Auflaufform oder eine Bratform füllen.
6. Den Rest Olivenöl in einer Pfanne erhitzen. Das Brot in Würfel schneiden, in die Pfanne geben und goldbraun anrösten. Geröstete Brotwürfel auf dem Nudel-Linsen-Gericht verteilen. Mit Paprikapulver und Korianderblättern garnieren.

Rotes Bohnen-Mus
Fasulie hamra Mathune

Libyen

Für 2 Personen:
250 g Rote Bohnen
1 Knoblauchzehe
½ scharfe rote Paprika
200 g Naturjoghurt
2 EL Sesammus
1 EL Zitronensaft
Salz
2 Stängel Petersilie
2 EL Rapsöl

1. Die Bohnen über Nacht einweichen, mit etwa 1 l Wasser aufsetzen und gut 1 Stunde weich kochen. Bohnen über einem Sieb gut abtropfen lassen und mit dem Mörser oder mit dem Pürierstab fein pürieren.
2. Knoblauch schälen und fein pressen. Paprika fein würfeln. Beides zusammen mit dem Joghurt, dem Sesambrei und dem Zitronensaft zu dem Bohnenpüree geben und alle Zutaten gut miteinander vermischen. Mit etwas Salz abschmecken.
3. Das Bohnenmus auf einen flachen Teller geben und schön verteilen. Petersilie fein hacken und darüber streuen. Zuletzt das Öl darüber gießen.

Wenn Sie nicht nach Knoblauch riechen möchten, können Sie sich eines Tricks bedienen: Kauen Sie ein paar Kardamomsamen und der Knoblauchgeruch ist verschwunden.

Kichererbsen-Ringe
Falafel

Syrien

Für 4 Personen:
400 g Kichererbsen
1 mittelgroße Zwiebel
1 Bund Korianderblätter oder Petersilie
1 Blatt Römer- oder Eissalat
1 Ei
1 Päckchen Trockenhefe
Salz
1 TL Kreuzkümmel
3 Knoblauchzehen
1 TL scharfes rotes Paprikapulver
½ l Rapsöl

1. Kichererbsen einen Tag zuvor einweichen. Die Kichererbsen über einem Sieb abgießen und gut abspülen. Zwiebel schälen und vierteln.
2. Petersilien- oder Korianderblätter zusammen mit den Kichererbsen, dem Salatblatt und der Zwiebel durch einen Fleischwolf drehen.
3. Den Kichererbsenteig in eine Schüssel geben. Das Ei aufschlagen und zusammen mit Hefe, Salz, Kreuzkümmel, gepresstem Knoblauch und dem Paprikapulver hinzufügen. Alles gut vermischen und ca. ½ Stunde ruhen lassen. Aus der Masse 1 cm dicke Plätzchen formen und mit dem Finger ein Loch in die Mitte drücken.
4. Öl in einer Pfanne erhitzen und die Plätzchen darin nach und nach goldbraun ausbraten.

○ Die Kichererbsenringe schmecken frisch aus der Pfanne und noch heiß am besten. Dazu passt *Salza Laban*, eine Joghurt-Gurken-Sauce am besten (siehe folgendes Rezept).

Joghurt-Sauce
Salza Laban

Syrien

Für 4 Personen:
150 g Salatgurke
½ Knoblauchzehe
¼ TL getrocknete, fein gemahlene Minze
200 g Naturjoghurt
Salz

1. Salatgurke waschen und mit Schale in eine Schüssel raspeln oder in kleine Würfel schneiden.
2. Knoblauchzehe pressen und mit der Minze und dem Joghurt zu der Gurke geben und alles gut vermischen. Mit etwas Salz abschmecken.

Sonnengereiftes Gemüse und Obst verleihen den arabischen Gerichten ihren besonderen Geschmack. Mit Treibhausware oder künstlich nachgereiften Früchten schmecken die Speisen nur halb so gut.

Ägyptische Falafel
Tamia

Ägypten

Für 3 Personen:
350 g Dicke Bohnen, getrocknet
1 Bund Petersilie
1 Bund Korianderblätter
1 Bund Dill
2 große Zwiebeln
2 große Knoblauchzehen
1 trockenes Vollkornbrötchen
1 Ei
½ Päckchen Trockenhefe
1 EL Kreuzkümmel
1 TL scharfes, rotes Paprikapulver
Salz
Sesamsamen zum Panieren
½ l Rapsöl

1. Dicke Bohnen 12 Stunden lang einweichen. Anschließend über einem Sieb abtropfen lassen und mit Wasser abspülen. Bohnen durch einen Fleischwolf drehen.
2. Petersilien-, Korianderblätter und Dill waschen und fein hacken. Die Zwiebeln und den Knoblauch schälen. Zwiebeln klein schneiden, Knoblauch pressen. Das Brötchen kurz in lauwarmem Wasser einweichen und dann leicht ausdrücken.
3. Bohnenpüree in eine Schüssel geben. Ei aufschlagen und zusammen mit dem Brötchen, der Trockenhefe und Zwiebeln, Kräutern und Knoblauch hinzufügen. Den Teig gut vermischen und mit Kreuzkümmel, Paprika und Salz würzen. Etwa ½ Stunde ruhen lassen.
4. Aus der Masse ca. 3 cm große Bällchen formen und diese in den Sesamkörnern wälzen.
5. Öl in einer tiefen Pfanne erhitzen und die Bohnenbällchen goldbraun ausbacken. Heiß serviert schmecken die Bällchen am besten.

○ Dazu passt ein schöner bunter Salat.

Fladenbrot mit Kichererbsen
Fattet Homos

Syrien

Für 4 Personen:
300 g Kichererbsen
Salz
500 g arabisches Fladenbrot
¾ l Gemüsebrühe
2 Knoblauchzehen
2½ TL Kreuzkümmel
250 g Naturjoghurt
2 EL Sesammus
Saft 1 Zitrone
150 g Pinienkerne
2½ EL Pflanzenmargarine
4 Stängel Petersilie

1. Kichererbsen über Nacht einweichen, mit ca. 1 l Wasser aufsetzen und weich kochen (im normalen Topf dauert dies etwa 1 Stunde). Am Ende der Kochzeit etwas Salz hinzufügen. Die Kichererbsen abgießen.
2. Fladenbrot in Stücke reißen oder schneiden und in eine große Schüssel geben. Die heiße Gemüsebrühe darüber gießen. Die gekochten Kichererbsen vorsichtig untermischen.
3. Knoblauchzehen schälen, durch eine Presse drücken und zusammen mit dem Kreuzkümmel zu dem Fladenbrot geben, alles vermengen. Mit etwas Salz abschmecken und in einer schönen Schüssel anrichten.
4. Joghurt mit dem Sesammus und dem Zitronensaft vermischen und über dem Fladenbrot verteilen.
5. Pinienkerne in der Margarine goldbraun ausbraten und ebenfalls darüber geben. Petersilie waschen, fein hacken und das Gericht damit garnieren.

Weiße Bohnen mit Karotten
Fasolie Beed ma Schesar

Libyen

Für 3 Personen:
300 g getrocknete weiße Bohnen
1 große Karotte
1 Gemüsezwiebel oder rote Zwiebel
2 EL Olivenöl
1 Knoblauchzehe
100 ml Wasser
1 kleine Dose Tomatenmark
1 TL Kreuzkümmel
Salz
2 Stängel Petersilie

1. Die gewaschenen Bohnen ca. 12 Stunden einweichen – am besten über Nacht. Dann abgießen und in einen Topf geben. Die Bohnen mit reichlich warmem Wasser bedecken und gut 1 Stunde gar kochen.
2. Die Karotte putzen, Zwiebel schälen und beides in kleine Würfel schneiden. Karotten- und Zwiebelwürfel im Olivenöl in einer Pfanne goldbraun braten. Knoblauch schälen, durch eine Presse drücken und mit anbraten. Mit etwas Wasser ablöschen und das Gemüse auf kleiner Flamme noch etwas dünsten. Tomatenmark hinzufügen und mitköcheln lassen. Mit Kreuzkümmel und Salz würzen.
3. Bohnen über einem Sieb abtropfen lassen und in einen Topf geben. Die Tomatensauce zu den Bohnen geben und alles gut vermengen. Das Bohnengemüse nach Bedarf noch mit etwas Kreuzkümmel und Salz abschmecken und in eine Schüssel geben.
4. Petersilie waschen und fein hacken. Die Bohnen vor dem Servieren mit der Petersilie garnieren.

Ganze Knoblauchzehen sind ein besonderer Genuss: Dazu eine geschälte Knolle Knoblauch mit Gemüse oder einem Gemüseeintopf mitkochen. Die Zehen des Knoblauchs werden dann beim Essen ausgelutscht – schmeckt ganz lecker!

Getreidegerichte
Couscous, Burghul wa Ruz

Weizen ist, neben Reis, ein wichtiges Grundnahrungsmittel der arabischen Länder. Zu Fladenbrot gebacken, kommt er täglich und zu allen Mahlzeiten auf den Tisch. Burghul, vorgekochter Weizenschrot (bei uns besser unter der türkischen Bezeichnung Bulgur bekannt), wird vor allem wegen seiner unkomplizierten, schnellen Zubereitung geschätzt.

Mit Gemüse, Kichererbsen oder Bohnen kombiniert und phantasievoll gewürzt, lassen sich aus Reis und Burghul schmackhafte Gerichte zubereiten, die viel Abwechslung in die vegetarische Küche bringen.

Kohlrabi mit Reis
Schulbato bi Ruz

Kuwait

Für 4 Personen:
1 Tasse Langkornreis (ca. 200 g)
3 große Kohlrabi
Salz
1 ½ Tassen Gemüsebrühe
1 große Zwiebel
1 Knoblauchzehe
200 g frische Champignons
3 EL Sonnenblumenöl
Pfeffer
2 Stängel Dill

1. Reis in lauwarmem Wasser etwa ½ Stunde einweichen.
2. Kohlrabi schälen und in größere Würfel schneiden. Kohlrabiwürfel in einen Topf geben und mit etwas Wasser dünsten, dabei etwas salzen. Der Kohlrabi sollte noch bissfest sein.
3. Reis absieben. Gemüsebrühe in einem großen Topf zum Kochen bringen und den Reis dazugeben. Reis einmal aufkochen lassen und dann bei niedriger Temperatur garen.
4. Zwiebel und Knoblauch schälen, Champignons putzen und alles in kleine Würfel schneiden. Öl in einer Pfanne erhitzen und Pilze mit Zwiebel und Knoblauch darin goldbraun braten.
5. Den Reis 10 – 15 Minuten garen, dann Kohlrabi, Zwiebel, Knoblauch und Champignons dazugeben und alles gut vermischen. Mit Salz und Pfeffer abschmecken. Den Reis-Gemüsetopf bei schwacher Hitze noch 20 – 25 Minuten weiter garen.
6. Dillblätter waschen und fein hacken. Den Reis vor dem Servieren mit dem Dill garnieren.

○ Dazu schmeckt ein gemischter Salat oder eine Joghurtsauce.

Burghul-Zucchini-Topf
Burghul ma Kusa

Libyen

Für 4 Personen:
1 ½ Tassen Burghul (ca. 250 g)
1 ½ Tassen Gemüsebrühe
4 kleine Zucchini
5 EL Sonnenblumenöl
Salz
2 Zwiebeln
100 g Pinienkerne
1 kleiner Becher Naturjoghurt

1. Den Burghul in einem Topf ohne Öl anrösten, bis er leicht braun ist und aromatisch duftet. Danach mit Gemüsebrühe übergießen und etwas quellen lassen.
2. Zucchini waschen, Stielenden entfernen und in große Würfel schneiden. Etwas Öl in einer Pfanne erhitzen und die Zucchini darin anbraten. Mit etwas Wasser ablöschen und die Zucchiniwürfel dünsten, sie sollten dabei aber noch bissfest bleiben. Das Gemüse etwas salzen.
3. Die Zucchini zum Burghul geben und alles vorsichtig miteinander vermischen. Mit etwas Salz abschmecken und den Burghul bei niedriger Temperatur schonend fertig garen. Bei Bedarf noch etwas Wasser zugeben.
4. Zwiebeln schälen und fein würfeln. Öl in einer Pfanne erhitzen und die gewürfelten Zwiebeln und die Pinienkerne goldbraun rösten.
5. Kurz vor dem Servieren den Joghurt über den Burghul geben und das Gericht mit Zwiebeln und Pinienkernen bestreuen.

Im Orient spricht man dem Joghurt kühlende Wirkung zu. Bei vielen Gerichten wird daher Joghurt als Zutat verwendet, oder er wird separat als Sauce dazu gereicht. Auch verschiedene Getränke aus Joghurt haben in arabischen Ländern Tradition.

Reis mit Erbsen
Ruz ma Baselia

Jordanien

Für 2 Personen:
200 g Naturreis
1 mittlere Zwiebel
50 g Pflanzenmargarine
150 g große Erbsen, frisch oder tiefgefroren
1 Knoblauchzehe
Salz und schwarzer Pfeffer

1. Reis waschen und in lauwarmem Wasser mindestens eine ½ Stunde einweichen.
2. Zwiebel schälen und in kleine Würfel schneiden. Margarine in einer kleinen Pfanne erhitzen und die Zwiebelwürfel darin goldbraun braten.
3. In einem Topf ¼ l Wasser erhitzen. Reis abgießen und in das kochende Wasser geben. Reis einmal aufkochen lassen und dann bei niedriger Temperatur garen. Bei Bedarf etwas Wasser dazu geben.
4. Nach 15 Minuten die Erbsen, die gebratenen Zwiebel und den gepressten Knoblauch mit etwas Salz und Pfeffer zu dem Reis geben und alles gut miteinander vermischen. Mit Salz abschmecken und bei schwacher Hitze noch 15 – 20 Minuten weiter garen. Falls nötig noch etwas Wasser hinzufügen.

○ Mit Joghurt oder einem Salat servieren.

Eine Tante meines Mannes erzählte mir einmal, dass sie den Reis unter der Bettdecke garen lässt. Dazu wird der Reis nur einmal gut aufgekocht und der Topf anschließend mit einer dicken Decke eingewickelt. Der Topf wird dann ins Bett gestellt und mit der Bettdecke zugedeckt. Nach etwa 45 Minuten ist er gar – eine energiesparende Methode, um Reis zu kochen!

Auberginen-Würfel mit Reis
Badinjan ma Ruz

Oman

Für 3 Personen:
200 g Naturreis
250 g Auberginen
150 g Pflanzenmargarine
¼ l Gemüsebrühe
25 g Kardamom (mit Schale)
Salz

1. Reis waschen und ½ Stunde in lauwarmem Wasser einweichen.
2. Auberginen schälen, in 3 cm große Würfel schneiden. Margarine in einer Pfanne erhitzen und die Auberginenwürfel darin goldbraun braten.
3. Reis absieben und in einen Topf geben. Die Gemüsebrühe darüber gießen, Kardamom hinzufügen, umrühren und einmal stark aufkochen lassen. Den Reis 15 – 20 Minuten bei niedriger Temperatur garen. Eventuell noch etwas Wasser hinzufügen.
4. Auberginenwürfel etwas salzen und zu dem Reis geben. Reis und Gemüse gut vermischen und bei schwacher Hitze 15 – 20 Minuten ziehen lassen – zwischendurch einmal umrühren.

○ Dazu Salz- oder Dillgurken reichen.

Im Orient wird die Aubergine das »Fleisch des armen Mannes« genannt. Sie ist eines der beliebtesten Gemüse in den arabischen Ländern und wird wie Pilze gerne anstelle von Fleisch verwendet.

Mangold-Röllchen
Malfuf bi Suluk

Oman

Für 4 Personen:
200 g Vollkornreis (Langkorn)
1 rote Paprika
2 große Karotten
200 g frische oder tiefgefrorene Erbsen
100 g Pinienkerne
2 EL Olivenöl
Salz
Curry, schwarzer Pfeffer
10 Mangoldblätter (ca. 250 g)
1 Knoblauchzehe
1 ½ Tassen Gemüsebrühe

1. Vollkornreis waschen und ½ Stunde einweichen. Danach in der gleichen Menge Wasser garen und im zugedeckten Topf warm halten.
2. Paprika entkernen, waschen und erst in Streifen, dann in Würfel schneiden. Karotten putzen und ebenfalls würfeln. Paprika, Karotten und Erbsen in etwas Wasser bissfest dünsten.
3. Pinienkerne mit Öl goldbraun braten. Gemüse und Pinienkerne zu dem Reis geben und alles gut vermischen. Mit Salz, Curry und Pfeffer abschmecken.
4. Mangoldblätter waschen, die Stiele abschneiden, kurz in heißes Wasser tauchen und abtropfen lassen. Die Reis-Gemüse-Masse auf die Mangoldblätter verteilen (nicht zu dick) und zu kleinen Päckchen rollen.
5. Die Mangoldröllchen in eine Kasserolle geben, zerkleinerten Knoblauch und die Gemüsebrühe darüber geben. Im vorgeheizten Ofen bei 200° C etwa 15 Minuten garen.

○ Als Beilage Fladenbrot servieren.

Krautwickel
Malfuf Jachana

Syrien

Für 4 Personen:
500 g große, weiße Krautblätter
150 g Langkornreis
2 große Tomaten
70 g (kleine Dose) Tomatenmark
½ EL Osfor
½ EL Kümmel, ganz

Salz
2 Knoblauchzehen
½ l Gemüsebrühe
1 TL frische Minze, gehackt
1 TL Sumach
Saft einer ½ Zitrone

1. Einzelne Krautblätter vom Kohlkopf lösen, waschen und in kochend heißem Wasser blanchieren, bis der Kohl etwas weich wird und sich rollen lässt. Den harten mittleren Teil des Krauts heraus schneiden und die Blätter übereinander legen.
2. Den Reis waschen und ca. 20 Minuten im warmen Wasser einweichen, danach absieben und in eine Schüssel geben.
3. Die Tomaten kreuzweise einschneiden und mit heißem Wasser übergießen, danach die Haut abziehen. Tomaten fein würfeln. Die Hälfte der Tomatenwürfel zusammen mit der Hälfte des Tomatenmarks, Osfor, Kümmel und etwas Salz in zum Reis geben. Eine Knoblauchzehe pressen und mit 2 EL Wasser ebenfalls dazu geben und alles gut vermischen.
4. Die Krautblätter auf einem Teller ausbreiten und auf jedes Blatt je 1 ½ TL Reismischung geben. Die Blätter dünn und fest einrollen, dabei die Seiten einschlagen, damit kein Reis herausfällt. Jeweils 4 – 5 Rollen wie ein Paket mit einem Bindfaden verschnüren und in den Topf legen.
5. Den Rest des Tomatenmarks mit der Gemüsebrühe anrühren. Minze, 1 geschnittene Knoblauchzehe, Sumach, Zitronensaft und etwas Salz unter die Sauce geben und gut miteinander verrühren. Die Tomatensauce zu den Krautwickeln in den Topf geben und das Ganze bei mittlerer Hitze ca. 35 – 40 Minuten garen (ab und zu prüfen, ob das Kraut nicht zu weich wird).
6. Vor dem Servieren die Fäden von dem Kohl entfernen.

Casablanca-Salat
Salata dar el Beida

Marokko

Für 2 Personen:
150 ml Gemüsebrühe
1 Schalotte
120 g Couscous
1 mittelgroße Möhre
1 kleine Zucchini
Saft von 1 Zitrone
2 EL Apfelessig
Salz und Pfeffer
etwas Kreuzkümmel, gemahlen
3 Stängel frische Pfefferminze
1 EL Olivenöl

1. Gemüsebrühe erhitzen, 2 EL für die Salatsauce abnehmen.
2. Schalotte putzen, in feine Ringe schneiden und mit dem Couscous mischen. Die heiße Brühe über das Ganze gießen und zugedeckt ca. 15 – 20 Minuten ziehen lassen.
3. Möhren schälen und in feine kleine Streifen schneiden. Die Zucchini waschen, die Enden abschneiden und das Gemüse in feine Scheiben schneiden.
4. Zitronensaft mit dem Essig, der restlichen Gemüsebrühe, Salz, Pfeffer und Kreuzkümmel vermischen.
5. Die Minze waschen, fein hacken und mit dem Olivenöl in das Dressing geben.
6. Couscous mit der Salatsauce vermengen, das Gemüse vorsichtig unterrühren. Den Salat zugedeckt 10 – 15 Minuten ziehen lassen.
7. Zum Schluss nochmals mit Salz und Pfeffer abschmecken.

Burghul mit Zucchini
Abu Schalhub

Syrien

Für 3 Personen:
200 g Burghul
250 g Zucchini
100 ml Olivenöl
1 kleine Zwiebel
½ l Gemüsebrühe
Salz

1. Den Burghul ohne Fett in einer Pfanne (am besten in einer beschichteten) braun rösten.
2. Die Zucchini waschen und in 3 cm große Würfel schneiden. Olivenöl in einem Topf erhitzen und die Zucchiniwürfel darin braun ausbraten.
3. Zwiebel schälen, fein würfeln und ebenfalls in dem Öl goldbraun ausbraten.
4. Burghul zu den Zucchini und der Zwiebel in den Topf geben und mit Gemüsebrühe übergießen. Alles gut vermischen und mit Salz abschmecken.
5. Burghul bei schwacher Hitze ca. 20 – 25 Minuten kochen lassen.

○ Einen Salat dazu servieren.

Reis mit Zucchini
Kusa bil Ruz

Syrien

Für 3 Personen:
200 g Vollkornreis
250 g Zucchini
100 ml Olivenöl
¼ l Gemüsebrühe
Salz

1. Den Reis waschen und ½ Stunde in lauwarmem Wasser weichen.
2. Die Zucchini waschen und in 3 cm große Würfel schneiden.
3. Olivenöl in einer Pfanne erhitzen und die Zucchini darin braten.
4. Den Reis absieben und in einen Topf geben, die Gemüsebrühe über den Reis gießen. Den Reis einmal aufkochen lassen und dann bei geringer Hitze 15 Minuten garen.
5. Die gebratenen Zucchini zu dem Reis geben, etwas Salz hinzufügen und alles noch einmal miteinander vermischen. Den Zucchini-Reis noch etwa 15 Minuten bei schwacher Hitze zu Ende garen.

○ Salat oder Joghurt dazu anbieten.

Früher wurde in den arabischen Ländern noch viel mit dem »Babor-Ras« (Petroleum-Kocher) gekocht. Heute sieht man ihn besonders noch auf dem Lande. Meine Angaben zur Koch- bzw. Garzeit sind immer ungefähre Angaben, da sie von der Art der Feuerung abhängig sind.

Burghul-Bohnen-Topf   Irak
Burguhl ma Ful

Für 4 Personen:
200 g Burghul
150 g Champignons
2 Knoblauchzehen
3 EL Pflanzenmargarine
200 g grüne Dicke Bohnen (im Glas oder tiefgefroren)
Salz und schwarzer Pfeffer

1. Burghul in einem Topf oder einer Pfanne goldbraun ohne Fett anbräunen. Champignons putzen und in Würfel schneiden. Knoblauch schälen und fein hacken. 2 EL Pflanzenmargarine in einer Pfanne erhitzen und Pilze mit dem Knoblauch darin goldbraun anbraten.
2. Die Dicken Bohnen abgießen (Tiefkühlware rechtzeitig auftauen lassen). Burghul, Champignons, Knoblauch und die Bohnen mit ¼ l Wasser in einen Topf geben und alles gut vermischen. Mit Salz und Pfeffer würzen.
3. Den Burghul einmal kurz aufkochen lassen und bei schwacher Hitze ca. 20 – 25 Minuten garen. Bei Bedarf noch Wasser nachgießen.

Reis mit Trüffeln und Erbsen
Ruz ma Kimme wa Beselia

Jordanien

Für 2 Personen:
200 g Vollkornreis
150 g Trüffel
1 Zwiebel
60 g Pflanzenmargarine
150 g Erbsen, frisch oder tiefgefroren
1 Knoblauchzehe
Salz und schwarzer Pfeffer

1. Reis waschen und in lauwarmem Wasser mindestens 30 Minuten einweichen.
2. Trüffel putzen, waschen und in Würfel schneiden.
3. Zwiebel schälen, fein hacken und in 30 g Margarine goldbraun anbraten.
4. Reis abgießen und in ¼ l Wasser zum Kochen bringen. Reis bei niedriger Temperatur etwa 15 Minuten garen. Bei Bedarf noch etwas Wasser hinzufügen.
5. Anschließend die Erbsen, die gebratenen Zwiebeln und den gepressten Knoblauch mit etwas Salz und Pfeffer hinzufügen, alles bei schwacher Hitze ca. 15 Minuten weiter garen.
6. Trüffel mit der restlichen Margarine leicht anbraten und etwas Salz und Pfeffer zugeben. Dann unter den Reis mischen und noch ca. 5 Minuten kochen lassen.

In arabischen Ländern ist der Trüffel viel billiger als bei uns. Er wird am Stück gekauft und oft auch als Fleischersatz benutzt. Falls Sie keine Trüffel bekommen oder sie Ihnen schlicht zu teuer sind, können Sie stattdessen auch Pilze verwenden.

Süße Speisen und Getränke
Halauiyat, Assir wa Maschroubat

Arabische Süßspeisen sind meist sehr gehaltvoll: Es wird nicht an Zucker oder anderen Süßungsmitteln gespart. Nüsse und Samen, ohnehin beliebte Zutaten im Orient, werden gerne und ebenfalls reichlich verwendet.

Ein klassischer Nachtisch, wie es bei uns üblich ist, sind die süßen Gerichte nicht. Süßspeisen kommen meist an besonderen Festtagen auf den Tisch oder werden Gästen, die der arabischen Familie einen Kurzbesuch abstatten, angeboten.

Süße Grieß-Schnitten
Harisse

Syrien

Für 6 Personen:
500 g Weizenvollkorngrieß
450 g Roh-Rohrzucker / davon 200 g für Zuckerguss
6 EL Naturjoghurt
4 EL Pflanzenmargarine
1 Päckchen Backpulver
2 EL Sesammus
einige Mandeln zum Verzieren
350 ml Wasser
1 EL Zitronensaft

1. Grieß, Zucker und Joghurt vermischen und 1 Stunde zugedeckt stehen lassen. 2 EL Margarine zerlassen und abgekühlt mit dem Backpulver unter den Teig rühren.
2. Eine Kasserolle mit Sesammus bestreichen, Teig darauf geben und glatt streichen. Teig mit einem Messer, das man ab und zu in warmes Wasser taucht, in diagonale, mundgerechte Stückchen teilen. Auf jedes Stück, wie bei einem Lebkuchen, 2 – 4 geschälte Mandeln legen.
3. Kasserolle in den auf 200° C vorgeheizten Backofen schieben und die Grießschnitten etwa 45 Minuten schön haselnussbraun backen.
4. Kurz vor Ende der Backzeit die Grießschnitten aus dem Ofen nehmen, Temperatur auf 150° C reduzieren. Die Harisse mit etwas Wasser bestreichen. Restliche Margarine in Flocken über den Schnitten verteilen. Kasserolle in den Ofen schieben und 5 Minuten backen. (Vorsicht, sie dürfen darf nicht zu dunkel werden.)
5. Für den Guss 350 ml Wasser in einem Topf zum Kochen bringen. 200 g Roh-Rohrzucker einstreuen und unter Rühren einige Male aufkochen. Zitronensaft zugeben und Guss bei kleiner Flamme köcheln lassen, bis sich der Zucker gelöst hat und der Guss dickflüssig ist. Abgekühlten Zuckerguss gleichmäßig über die Griesschnitten verteilen.

○ Harisse warm oder kalt servieren.

Grieß-Pudding
Halauit smied

Syrien

Für 2 Personen:
2 EL Pflanzenmargarine
4 EL Weizenvollkorngrieß
6 Walnüsse
350 – 400 ml Wasser
4 EL Roh-Rohrzucker

1. Margarine in einen Topf geben, erhitzen und den Grieß unter Rühren einstreuen. Den Grieß goldbraun anrösten lassen und den Topf anschließend vom Herd nehmen.
2. Walnüsse knacken und die Kerne mit dem Mörser etwas zerstoßen.
3. Wasser und Roh-Rohrzucker unter den Grieß rühren und bei kleinster Flamme noch etwas kochen lassen bis die Masse dick wird.
4. Die Grießspeise abkühlen lassen und in kleine Schalen füllen. Die Walnüsse darüber streuen. Der Pudding kann warm oder kalt gegessen werden.

○ Kochen Sie die Grießspeise zur Abwechslung mal nur mit 2 EL Roh-Rohrzucker und rühren Sie zum Schluss 2 EL Honig unter. Dadurch erhält die Süß-Speise wieder ein anderes Aroma.

Dattel-Kuchen   Kuwait
Ajua Gato

Für 4 Personen:
500 g fein gemahlener Roh-Rohrzucker
4 Eier
200 g Datteln (ohne Kerne)
250 g gemahlene Mandeln
2 TL Vanillepulver
Fett und Semmelbrösel für die Form
2 EL Rosenwasser oder Himbeersaft
1 EL Zitronensaft
1 EL heißes Wasser
100 g geschälte, ganze Mandeln

1. 250 g Roh-Rohrzucker und die Eier schaumig rühren.
2. Datteln fein hacken und mit den gemahlenen Mandeln und dem Vanillepulver zu dem Eischaum geben.
3. Den Teig in eine gut gefettete und mit Semmelbröseln ausgestreute, geschlossene runde Kuchenform oder eine feuerfeste Auflaufform füllen. Den Kuchen bei 180 – 200° C etwa 55 Minuten backen.
4. Den Kuchen erkalten lassen und aus der Form nehmen.
5. Aus dem restlichen Zucker, dem Rosenwasser oder Himbeersaft und Zitronensaft eine Glasur anrühren, eventuell etwas Wasser dazugeben. Den Kuchen mit dem Zuckerguss überziehen.
6. Zum Schluss den Kuchen mit den geschälten Mandeln verzieren.

Nuss-Kaffee-Kugeln
Halauiyat Belschos Lulu

Jordanien

Für 4 Personen:
150 g Walnusskerne
1 Eiweiß
1 EL Kakaopulver
1 EL Vanillepulver
1½ EL fein gemahlener Kaffee
350 g Roh-Rohrzucker, fein gemahlen
100 g Sesamsaat

1. Walnüsse vorsichtig knacken, so dass die Kerne möglichst ganz bleiben. Die Hälfte der Walnusskerne fein mahlen, die restlichen Walnusskerne als Garnierung zurückbehalten.
2. Eiweiß steif schlagen. Kakaopulver, Vanille, Kaffee und Zucker miteinander unter den Eischnee ziehen.
3. Die gemahlenen Nüsse dazugeben und unterrühren.
4. Aus der Masse kleine Kugeln formen und in den Sesamkörnern wälzen. Mit den Walnusskernen verzieren. Anschließend trocknen lassen.

Aus den grünen Schalen der Walnüsse lässt sich eine schöne Naturfarbe zum Malen herstellen. Dazu werden die Schalen zerstampft und der austretende Saft kann zum Malen verwendet werden.

Nuss-Kirschen-Kugeln
Halauiyat Belschos ma Karas Lulu

Irak

Für 4 Personen:
150 g Mandeln (50 g zum Verzieren)
200 g Walnüsse
150 g Paranüsse
150 g Aprikosen (sehr reif)
10 feste Süßkirschen
100 g Rosinen
200 g Feigen
200 g Datteln
100 g Roh-Rohrzucker
4 EL Orangensaft
einige Tropfen Zitronensaft

1. Geschälte Mandeln, Walnüsse und Paranüsse fein mahlen, 50 g Mandeln jedoch zum Verzieren beiseite stellen.
2. Aprikosen schälen und mit der Gabel fein zerdrücken. Kirschen entkernen und klein hacken. Rosinen einige Male in warmem Wasser waschen. Feigen und Datteln in kleine Stücke schneiden.
3. Nüsse, Obst und Trockenfrüchte vermischen. Roh-Rohrzucker, Orangen- und Zitronensaft dazu geben und alles gut miteinander vermengen.
4. Aus der Masse kleine Kugeln formen und diese mit der Handfläche etwas flach drücken. In die Mitte der Kugel mit dem Finger eine kleine Kuhle drücken und eine geschälte Mandel hineingeben.
5. Die Kugeln vor dem Verzehr einige Zeit kalt stellen.

○ Die Nusskugeln sind nicht lange haltbar – aber bestimmt sind sie sowieso rasch verzehrt!

Sesam-Bananen-Pudding
Halauiyat ma Moz

Oman

Für 4 Personen:
70 g Pflanzenmargarine
4 Bananen
200 g Roh-Rohrzucker, fein gemahlen
2 EL Rosenwasser
50 g gehackte Mandeln
½ TL Safran oder Osfor
1 TL Kardamom, gemahlen
1 TL Sesammus
1 EL Sanddornsirup

1. Margarine in einem Topf erhitzen. Bananen mit einer Gabel zerkleinern und zu der Margarine geben. Bei mittlerer Hitze und mit 2 EL Wasser ca. 3 – 5 Minuten dünsten, ab und zu umrühren.
2. Den Zucker mit 2 EL Wasser in einen Topf geben, verrühren und aufkochen lassen. Die Bananenmasse einrühren und dabei weiter kochen lassen.
3. Das Rosenwasser zugeben und alles gut miteinander verrühren.
4. Die Masse in eine angewärmte Schüssel geben. Mandeln, Safran, Kardamom und das Sesammus miteinander verrühren und über die Bananen geben.
5. Mit dem Sanddornsirup beträufeln und noch warm servieren.

Weizen-Sesam-Rauten   Syrien
Kaek ma Sumsum

Für 25 Stück:
100 g Pflanzenmargarine
150 g Sesammus
150 – 200 g Roh-Rohrzucker (je nach Geschmack)
350 g Honig
3 TL Backpulver
2 TL Zimt, gemahlen
2 TL Kardamom, gemahlen
3 TL Vanillepulver
1 Prise Salz
500 g feines Weizenvollkornmehl
ca. 50 Stück geschälte Mandeln
1 Prise Salz

1. Margarine in einem Topf zerlassen.
2. Sesammus, Roh-Rohrzucker, Honig und Backpulver in eine Rührschüssel geben und mit der zerlassenen Margarine vermischen – am besten mit einem elektrischen Handrührgerät. Nach und nach auch die Gewürze dazugeben. Das Mehl langsam einrieseln lassen und alles zu einem glatten Teig verarbeiten.
3. Den Teig etwa 20 Minuten ruhen lassen.
4. Teig in eine gefettete Kuchenform mit Rand oder auf ein Backblech geben und schön gleichmäßig verteilen.
5. Die Oberfläche mit etwas Wasser glatt streichen. Den Teig in portionsgerechte Rauten schneiden, auf jedes Stück 1 – 2 geschälte, ganze Mandeln drücken.
6. Im vorgeheizten Backofen bei 180° C 20 – 25 Minuten backen.

Mate Tee gilt als mythisches Getränk
Mate-Trinken ist in Syrien ein Symbol der Gemeinsamkeit.
Das Trinkgefäß mit einem Saugröhrchen geht oft von Mund zu Mund. Doch heute hat fast jeder Mate-Trinker sein eigenes Gefäß und Saugröhrchen.
Die spanischen Eroberer hatten den Mate bei den Tupf-Indianern kennen gelernt. Die Auffassung, die Jesuiten hätten das Getränk erfunden, wird von Matefachleuten zurückgewiesen. Die Missionare benutzten den Trank allerdings nachweislich, um das Vertrauen der Indios zu gewinnen.
Für manchen, der Mate zum ersten Mal probiert, schmeckt er wie ein Aufguss aus Heu und Gras. Dem Mate werden indes viele heilsame Eigenschaften zugeschrieben.
Er enthält Karotin, Koffein, Eisen, Protein, Stärke und ist reich an Vitaminen E, B und C. Er stimuliert die Körperfunktion, regt die Nierentätigkeit und die Verdauung an und reinigt das Blut und fördert die Konzentration.
Begüterte Familien fügten früher dem Mate Zucker und Gewürze hinzu, zum Beispiel Zimt, was den Geschmack sehr angenehm macht.
Der Mate gilt in Syrien als entspannend und energiespendend.
In Syrien trinkt man den Mate zum Großteil aus Gläsern.
Die Deutschen müssen von den wohltuenden Wirkungen des Mate noch überzeugt werden.
Der Matebaum wird 4 – 8 Meter hoch und bis zu 150 Jahre alt. Er wächst auf dem für die Anbaugebiete typischen roten Boden.
Zwischen Mai und September wird der Mate geerntet. Nach der Trocknung, bei der sich das Gewicht auf ein Drittel reduziert, werden die Blätter 20 – 24 Monate lang gelagert. Je länger die Lagerung, desto teurer der Mate.
Er gedeiht in Brasilien, Argentinien und Paraguay, der Mate-Tee ist für Argentinien zu einem erfolgreichen Exportprodukt geworden.
Fast die Hälfte der Ausfuhren gehen nach Syrien, das sich mit Abstand zum wichtigsten Abnehmerland entwickelt hat. Der Mate ist dort so gebräuchlich wie Kaffee und Tee. Im übrigen arabischen Raum wird schwarzer Tee oder Pfefferminztee getrunken.

Aprikosen-Saft
Amaredin
                                                            Arabische Länder

200 g Amaredin (dünn gepresste Aprikosenplatten)
1 l Wasser
Roh-Rohrzucker nach Geschmack
Eiswürfel

1. Die gepressten Aprikosen mindestens über Nacht in 1 l warmem Wasser einweichen.
2. Am nächsten Tag die Aprikosen mit der Hand kneten und zerdrücken bis alles sehr fein verteilt ist.
3. Den Aprikosensaft je nach Geschmack mit oder ohne Roh-Rohrzucker und mit Eiswürfeln servieren.

Amaredin-Saft ist ein typisches Ramadan-Getränk. Gepresste Aprikosen gibt es als dünne Platten in arabischen Lebensmittelgeschäften.

Tamarinden-Saft
Tamerhindi
                                                            Arabische Länder

200 g Tamarinde (gepresst)
1 ½ l Wasser
Roh-Rohrzucker nach Geschmack

1. Tamarinden über Nacht in 1 ½ l warmem Wasser einweichen.
2. Am nächsten Tag das Tamarindenmus kneten und fein zerdrücken, bis alles gut verteilt ist. Über ein Sieb abgießen und den Saft dabei auffangen.
3. Den säuerlichen Tamarind-Saft nach Geschmack süßen.

Tamarinden-Saft trinkt man das ganze Jahr über. Tamarindenmus ist in asiatischen oder arabischen Lebensmittelgeschäften erhältlich.

Süßholzwurzel-Saft
Suss
                                        Arabische Länder

500 g Süßholzwurzel
2½ l Wasser

1. Süßholzwurzel waschen und ca. 8 Stunden in dem kalten Wasser einweichen. Danach alles absieben und kaltstellen.

○ Ergibt ca. 2¼ l Saft, der leicht bitter-süß und stark im Geschmack ist.

Süßholzwurzeln gibt es in orientalischen Läden, manchmal auch in Reformhäusern oder Naturkostläden.

Joghurt-Trunk
Laban ma Thum
                                        Arabische Länder

750 g Naturjoghurt
¼ l Wasser
2 Knoblauchzehen
Salz
Eiswürfel

1. Den Naturjoghurt mit Wasser gut vermischen.
2. Knoblauch schälen und durch die Knoblauchpresse drücken. Knoblauch unter den Joghurt rühren und alles mit etwas Salz abschmecken.
3. Das Joghurtgetränk gut gekühlt und mit Eiswürfeln servieren.

Bei uns ist dieses Joghurtgetränk unter der türkischen Bezeichnung »Ayran« etwas bekannter.

Joghurt selbstgemacht

Für 1 l Naturjoghurt:
1 l Vollmilch
2 EL Naturjoghurt

1. 1 l Vollmilch in einem sauberen (ganz reinen, fettfreien) Topf zum Kochen bringen. Die Milch abkühlen lassen, sie soll aber noch lauwarm sein.
2. 2 EL Naturjoghurt in die Milch geben, vorsichtig mit einem Metalllöffel unterrühren (kein Holzlöffel) und dabei nicht mit dem Löffel auf den Boden kommen, am besten flach unter der Oberfläche verteilen.
3. Den Topf zudecken und an einen warmen Ort stellen (mindestens 22° C). Topf mit einer Wolldecke gut einpacken und 8 – 12 Stunden ruhen lassen (Topf nicht mehr bewegen).
4. Der Naturjoghurt ist sehr gut gelungen, wenn er schnittfest ist.

Naturjoghurt ist auch als Fleckentferner geeignet – das habe ich auch in Syrien gelernt.
Es ist ganz einfach: Naturjoghurt auf den frischen Fleck streichen und trocknen lassen, bis der Naturjoghurt hart und brüchig wird. Dann das Kleidungsstück ganz normal waschen oder bei Wollsachen mit der Bürste den Naturjoghurt ganz vorsichtig abbürsten.

Die Autorin

Gertrud Dimachki ist seit 1960 mit einem Syrer verheiratet. Mehrere Jahre verbrachte sie in Damaskus (Syrien), Kairo (Ägypten) und Casablanca und Marrakesch (Marokko). Nach einigen Jahren in verschiedenen Städten Deutschlands lebt sie nun in Nidda-Oberwiddersheim (Hessen).

Von ihrer Schwiegermutter in die Geheimnisse der arabischen Küche eingeweiht, hat die Autorin bald ihre Liebe zu dieser besonderen Küche entdeckt. Bei ihren Aufenthalten in den verschiedenen Regionen und Ländern konnte sie eine Vielzahl von Rezepten und Geschichten sammeln, Freunde und Bekannte haben ihre Sammlung komplettiert. Während sie früher noch spezielle Zutaten für die Gerichte selbst von ihren Reisen mitbringen musste, freut sie sich heute darüber, dass orientalische Gewürze oder frische Kräuter wie Korianderblätter auch bei uns zu bekommen sind.

Von ihr ist im Jahr 2001 im Verlag der Ferber'schen Universitätsbuchhandlung, Gießen, das Buch »Hannchen – Ein Unikum vom Lande« erschienen.

Rezeptindex

Ägyptische Falafel 122
Aprikosen-Saft 150
Arabischer Auberginen-Auflauf 114
Arabischer Kartoffel-Salat 72
Arabischer Mokka 32
Artischocken, Jerusalemer 107
Aubergine, gebraten 47
Auberginen mit Tomaten 101
Auberginen und Tomaten, überbacken 105
Auberginen-Auflauf 114
Auberginen-Marmelade 37
Auberginen-Mus 42
Auberginen-Pfannkuchen 91
Auberginen-Pilz-Topf 83
Auberginen-Salat 67
Auberginen-Würfel mit Reis 131
Auberginen-Zucchini-Topf 87

Bananen-Sesam-Pudding 147
Bandnudeln mit Spinat 94
Bauern-Salat 73
Bauern-Suppe 61
Bitterorangen-Marmelade 33
Blumenkohl im Eierkuchenteig 96
Blumenkohl mit Sesam 46
Blumenkohl-Karotten-Salat 68
Bohnen, Dicke mit Koriander 41
Bohnen, Dicke mit Tomaten 112
Bohnen, weiße mit Karotten 124
Bohnen-Burghul-Topf 137
Bohnen-Mus, rotes 119
Bohnen-Salat, türkischer 78
Brennnessel-Suppe 60
Burghul mit Zucchini 135
Burghul-Bohnen-Topf 137
Burghul-Salat 66
Burghul-Zucchini-Topf 129

Casablanca-Salat 134

Damaskus-Salat 77
Dattel-Kuchen 144
Datteln mit Ei 40
Dicke Bohnen mit Koriander 41
Dicke Bohnen mit Tomaten 112

Eier im Stroh 104
Eier-Kartoffel-Salat 70
Erbsen mit Reis 130
Erbsen und Trüffeln mit Reis 138

Falafel, ägyptisch 122
Feigen-Marmelade 34
Fladenbrot mit Kichererbsen 123

Gebratene Aubergine 47
Gebratene Zucchini 48
Gefüllte Paprika 86
Gefülltes Gemüse 100
Gemischtes Gemüse aus dem Ofen 82
Gemüse aus dem Ofen 82
Gemüse, gefüllt 100
Griechischer Salat 75
Grieß-Pudding 143

Jerusalemer Artischocken 107
Joghurt selbstgemacht ....
Joghurt-Paprika-Salat 71
Joghurt-Sauce 121
Joghurt-Trunk 151

Kabbat-Marmelade 38
Kaffee-Nuss-Kugeln 145
Karotten mit weißen Bohnen 124
Karotten-Blumenkohl-Salat 68

Karotten-Tomaten-Suppe ... 58
Kartoffelbrei mit Sesam ... 45
Kartoffel-Eier-Salat ... 70
Kartoffel-Gemüse mit Pilzen ... 109
Kartoffel-Kohlrabi-Topf ... 102
Kartoffel-Linsen-Salat ... 74
Kartoffeln im Teich ... 98
Kartoffeln mit Kichererbsen ... 113
Kartoffeln mit Porree ... 97
Kartoffeln mit Tomaten ... 85
Kartoffel-Plätzchen ... 106
Kartoffel-Salat ... 72
Käse-Schiffchen ... 49
Kichererbsen mit Fladenbrot ... 123
Kichererbsen mit Kartoffeln ... 113
Kichererbsen mit Kürbis ... 115
Kichererbsen-Mus ... 43
Kichererbsen-Ringe ... 120
Kirschen-Nuss-Kugeln ... 146
Kohlrabi mit Reis ... 128
Kohlrabi-Kartoffel-Topf ... 102
Kräuter-Kartoffeln ... 84
Krautwickel ... 133
Kürbis mit Kichererbsen ... 115

Linsen mit Reis ... 117
Linsen-Brei ... 116
Linsen-Kartoffel-Salat ... 74
Linsen-Suppe, rote ... 53

Mangold-Gemüse ... 88
Mangold-Röllchen ... 132
Mokka ... 32

Nuss-Kaffee-Kugeln ... 145
Nuss-Kirschen-Kugeln ... 146

Okra mit Tomaten ... 95

Paprika, gefüllt ... 86

Paprika-Joghurt-Salat ... 71
Petersilien-Eierkuchen ... 108
Pilz-Auberginen-Topf ... 83
Pilz-Kartoffel-Gemüse ... 109
Porree mit Kartoffeln ... 97
Portulak-Salat ... 69
Prinzessbohnen mit Koriander ... 103

Reis mit Auberginen-Würfeln ... 131
Reis mit Erbsen ... 130
Reis mit Kohlrabi ... 128
Reis mit Linsen ... 117
Reis mit Trüffeln und Erbsen ... 138
Reis mit Zucchini ... 136
Reis-Spinat-Suppe ... 62
Reis-Suppe ... 55
Rosen-Marmelade ... 35
Rote Linsen-Suppe ... 53
Rotes Bohnen-Mus ... 119

Sago-Suppe ... 57
Sesam-Bananen-Pudding ... 147
Sesam-Weizen-Rauten ... 148
Spinat-Reis-Suppe ... 62
Spinat-Rollen ... 89
Spinat-Schiffchen ... 99
Spinat-Suppe ... 56
Süße Grieß-Schnitten ... 142
Süssholzwurzel-Saft ... 151

Tamarinden-Saft ... 150
Thymian-Plätzchen ... 39
Tomaten mit Auberginen ... 101
Tomaten mit Dicken Bohnen ... 112
Tomaten mit Kartoffeln ... 85
Tomaten und Auberginen, überbacken ... 105
Tomaten-Karotten-Suppe ... 58
Tomaten-Omelette ... 92
Tomaten-Suppe ... 54
Tomaten-Zucchini-Topf ... 93

Trüffeln und Erbsen mit Reis 138	Weizen-Sesam-Rauten 148
Türkischer Bohnen-Salat 78	
Türkischer Salat 76	**Z**ucchini mit Burghul 135
	Zucchini mit Reis 136
Überbackene Auberginen und Tomaten .. 105	Zucchini, gebraten 48
	Zucchini-Auberginen-Topf 87
Verbrannte Finger 118	Zucchini-Burghul-Topf 129
	Zucchini-Mus 44
Wassermelonen-Marmelade 36	Zucchini-Suppe 59
Weiße Bohnen mit Karotten 124	Zucchini-Tomaten-Topf 93

Vegetarisches aus aller Welt

Yashoda Aithal:
Vegetarisch kochen – indisch
ISBN: 3-89566-153-8

Angelika Krüger:
Vegetarisch kochen – international
ISBN: 3-89566-117-1

Jutta Grewe:
Vegetarisches aus Omas Küche
ISBN: 3-89566-168-6

Petra und Joachim Skibbe:
Toskana – vegetarisch genießen
ISBN: 3-89566-156-2

Vollwertig, vegetarisch, gesund

Klaus Weber:
Das Buch vom guten Pfannkuchen
ISBN: 3-89566-151-1

Astrid Poensgen-Heinrich
Spargelzeit!
ISBN: 3-89566-185-6

Claudia Schmidt:
Alles Tomate!
ISBN: 3-89566-173-2

Petra und Joachim Skibbe:
Köstliche Kürbis-Küche
ISBN: 3-89566-150-3

Gesamtverzeichnis bei:
pala-verlag, Rheinstraße 37, 64283 Darmstadt, www.pala-verlag.de

© 2001
2. Auflage 2003

pala-verlag, Rheinstr. 37, 64283 Darmstadt
www.pala-verlag.de
ISBN: 3-89566-169-4
Lektorat: Barbara Reis / Nina Weiler
Umschlag- und Innenillustration: Margret Schneevoigt
Druck: fgb • freiburger graphische betriebe
www.fgb.de

Dieses Buch ist auf Recyclingpapier aus 100 % Altpapieranteilen gedruckt